LA CLONACIÓN HUMANA

¿SERÁ UNA PERSONA CLONADA APTA PARA LA SALVACIÓN?

FREDY MONTERROZA, PhD.

Reservados todos los derechos. No se permite la reproducción total o parcial de esta obra, ni su incorporación a un sistema informático, ni su transmisión en cualquier forma o por cualquier medio (electrónico, mecánico, fotocopia, grabación u otros) sin autorización previa y por escrito de los titulares del copyright. La infracción de dichos derechos puede constituir un delito contra la propiedad intelectual.

El contenido de esta obra es responsabilidad del autor y no refleja necesariamente las opiniones de la casa editora.

Publicado por Ibukku
www.ibukku.com
Diseño y maquetación: Índigo Estudio Gráfico
Copyright © 2019 FREDY MONTERROZA, PhD.
ISBN Paperback: 978-1-64086-440-5
ISBN eBook: 978-1-64086-441-2

ÍNDICE

AGRADECIMIENTO	5
INTRODUCCIÓN	7
¿QUÉ ES LA CLONACIÓN?	17
REALIDAD Y NO CIENCIA FICCIÓN	25
DEFINICIÓN Y PROCEDIMIENTO DE LA CLONACIÓN	27
TRANSFERENCIA NUCLEAR Y PARTENOGENESIS PARA CLONAR	31
CLONAN EMBRIONES HUMANOS PARA OBTENER CÉLULAS MADRE	37
LA ÉTICA DE LA CLONACIÓN	41
LOS ETICISTAS RELIGIOSOS	45
LOS ETICISTAS CIENTIFICOS	47
LOS ETICISTAS ECONÓMICOS	49
LOS ETICISTAS LITERARIOS	51
LOS ETICISTAS GUBERNAMENTALES	53
LOS BIOTECISTAS	55
INGLATERRA APRUEBA LA CLONACIÓN CON FINES TERAPÉUTICOS	59
PORCENTAJE DE GENES EN EL GENOMA HUMANO	61
EL MAPA DE LA VIDA	63
EL MAPA DEL GENOMA HUMANO	65
EL GENIO HA SIDO LIBERADO	71
LA OVEJA DOLLY	75
DEBATE EN CIENCIA Y ÉTICA	81
ANTICUERPOS HUMANOS PRODUCIDOS POR TERNEROS CLONADOS	85
PAMPA: LA PRIMERA TERNERA CLONADA	87

ANDI: EL PRIMER MONO MODIFICADO GENÉTICAMENTE	89
COPYCAT: EL PRIMER GATO CLONADO	91
PROMETEA. EL PRIMER CABALLO CLONADO	93
SNUPPY. EL PRIMER PERRO CLONADO	95
¿CÓMO SERÁ EL PRIMER SER HUMANO CLONADO?	97
MITO O REALIDAD. El científico italiano Antinori dice haber clonado el primer ser humano	101
EVA. LA PRIMERA NIÑA CLONADA	103
¿TENDRÁ ALMA UN SER HUMANO CLONADO?	107
LA CLONACIÓN EN GENESIS 2:21-22	111
YUKA. MAMUT CONGELADO DE 28,000 AÑOS	115
POTRO CONGELADO DE 42,000 AÑOS	119
CLONES IDENTICOS PERO DIFERENTES	121
¿POR QUE CLONAR SERES HUMANOS?	125
CONCLUSIÓN	133
¿QUÉ ES…?	135
GLOSARIO	139
BIBLIOGRAFÍA	143

AGRADECIMIENTO

A DIOS, quien me ha dado el más maravilloso regalo que existe: la vida. Quien a través de su Espíritu Santo me ha enseñado el verdadero significado de la fe y el amor. A él, de quien a diario recibo tantas bendiciones le entrego mi más sincero agradecimiento.

A mi amada esposa Anabel, quien ha estado conmigo en cada circunstancia favorable como adversa de la vida, ha creído en mi apoyándome a través de todos estos años de preparación teológica. Le agradezco de todo corazón su ayuda, comprensión y motivación para poder culminar mis estudios a nivel doctorado.

A mis hijos: Fredy Monterroza, Jr. Jessica Jasmine Monterroza y Christopher Joseph Monterroza, les agradezco su amor, paciencia y comprensión durante todo el tiempo que me tomó llegar al final de este estudio.

A mi profesor, Dr. William Paredes, quien ha forjado en mí los conocimientos a nivel doctorado en "TEOLOGIA BIBLICA". Agradezco todos los consejos que de él he recibido como la paciencia y el apoyo para poder llegar al final de mi camino en esta Facultad Educativa. ¡Gracias!

-Fredy Monterroza, Phd.

INTRODUCCIÓN

La clonación humana es el tema que estaremos tratando a través de las páginas de este texto. Para todos ha sido una noticia totalmente increíble, ninguno de nosotros había pensado, por lo menos cuando éramos jóvenes o adolescentes, que un día estaríamos frente a un dilema acerca de esta nueva tecnología que amenaza con quebrantar el orden normal de la procreación humana que ha sido hasta ahora por medios normales, sexuales.

Es terrible solo pensar que hombres con la capacidad, el conocimiento y la ayuda de las nuevas tecnologías de hoy en día; comiencen a crear vida humana. La ciencia ha avanzado a tal grado que pronto tendremos clones viviendo entre nosotros.

Estamos en una época donde el hombre está alcanzado su máximo conocimiento. Hemos sido testigos de los últimos avances tecnológicos, son impresionantes y seguirán sorprendiéndonos más cada día.

Adán, el primer ser humano creado por la mano de Dios, fue la corona de toda la creación. Cuando el Señor había creado todo menos el hombre dijo: "Y vio Dios que era bueno". Pero cuando creó a Adán, el Señor dijo: *"Y vio Dios todo lo que había hecho, y he aquí que era bueno en gran manera"*. Adán fue la máxima creación de nuestro Dios, ahora el hombre quiere imitar ese poder del Señor imitando su máxima obra de la creación, el hombre.

Dios, un día dijo refiriéndose a la capacidad que tiene el hombre de terminar cualquier proyecto que comienza: *"...han comenzado la obra y nada los hará desistir ahora de lo que han pensado hacer"* (Génesis 11:8b).

El único poder capaz de detener este proyecto de la clonación humana es Dios mismo, pero él no lo hará. La Palabra de Dios es infalible y seguirá su curso. El profeta Daniel inspirado por el Espíritu Santo dijo que en los últimos tiempos la ciencia aumentaría.

¡Bienvenidos, estamos viviendo en los albores de los últimos tiempos!

Durante la investigación sobre este tema, me he dado cuenta que la ciencia sigue su curso tan acelerado que los científicos están presentando nuevos descubrimientos a cada momento. Leía un articulo del periódico, que científicos de Massachussets han logrado la cuenta regresiva de la memoria de hasta un 15%, lo que indica que la ciencia puede hacer que una persona adulta puede tener la capacidad de su memoria de por lo menos 10 años menos de su edad normal.

Por medio de la clonación se ha creado vida en diversos animales como ratones, ovejas, caballos, perros, gatos, terneros. Etc.

El profeta Daniel tenía mucha razón en sus palabras referentes a los avances tecnológicos de los últimos tiempos.

Recordemos la advertencia de la Palabra de Dios por medio del profeta Jeremías cuando dijo: *"Tu arrogancia te engañó, y la soberbia de tu corazón, tú que habitas en cavernas de peñas, que tienes la altura del monte: aunque alces como águila tu nido, de allí te haré descender, dice Jehová".* (Jeremías 49:16).

La clonación humana se ha convertido en el centro de la atención del mundo, todos están a la expectativa de ese momento cuando en las noticias de televisión, radio, periódicos y revistas aparezca en letras mayúsculas "**PRIMER SER HUMANO CLONADO**".

Hace algunos años, este tema de la clonación parecía imposible, pero con el transcurso del tiempo, la gente lo está considerando como un hecho real al alcance de la ciencia. Personalmente creo que los científicos poseen en este momento el equipo y la tecnología adecuada para crear al primer ser humano genéticamente. Solo necesitamos mirar hacia el pasado y apreciar todo lo que hoy tenemos, podemos hablar de Benjamín Franklin que en 1752 experimentó con la electricidad haciendo volar un cometa durante una tormenta, demostró que el relámpago es debido a la electricidad.

En 1878 Thomas Edison inventó la primera lámpara incandescente con filamento de bambú carbonizado, algo que no fue fácil, fueron más de 950 a 970 experimentos sin tener buenos resultados; hasta que al fin pudo lograr tan maravilloso invento.

Después fue Peter Hewitt que también inventó la lámpara de vapor de mercurio a principios del siglo XIX.

También tenemos a Jonah Salk que inventó la vacuna contra la polio, sus amigos trataron de desanimarlo al ver que había hecho 270 ensayos sin lograr la famosa vacuna contra la polio. Ellos le decían, Jonah has fracasado 270 veces, pero él contestaba: *"Yo no he fracasado, solo he descubierto 270 veces como no vacunar contra la polio"*. Todos sabemos que al final nos entregó tan importante y necesaria vacuna que ha ayudado a millones de personas.

Pero también podemos hablar de los hermanos Wrigth que inventaron el primer aeroplano, y después de eso, hemos visto la diversidad de aviones. Por qué no hablar también de Steve Jobs quien dio inicio a la invención de la computadora, otro recientemente muy conocido es Bill Gates que ha creado un imperio global por medio de Microsoft.

Hay tantos otros personajes que nos han impactado con sus descubrimientos y hazañas que es bueno que no nos olvidemos, que todo lo que el hombre se ha propuesto hacer lo ha logrado, al menos que sea la mano de Dios que intervenga. Dios dijo en una ocasión que cuando el hombre se propone algo, no hay poder humano que lo haga desistir. (Génesis 11:6)

Yo mismo creía que esto de la clonación humana era algo imposible, pero conforme avanzo en la investigación de este tema, me doy cuenta que prácticamente es una realidad, si hasta hoy los científicos en genética no nos han sorprendido con el primer ser humano creado en un laboratorio, no ha sido porque no tengan los medios, mas bien porque el tema de la clonación provoca mucha controversia y oposición. Muchos dicen que es una violación a los principios morales del hombre mismo, en fin; la gente no está preparada para este evento que está muy cerca de ser una realidad.

RAZÓN TENÍAN ESTAS PERSONAS CUANDO DIJERON:

1. *"Las especies que sobrevivirán no serán las más fuertes, sino aquellas que se puedan adaptar a los cambios".* Darwin

2. *"Nunca tus amigos, ni tus enemigos, te podrán hacer tanto daño, como tus pensamientos".* Buda

3. *"Y conoceréis la verdad, y la verdad os hará libres".* Jesús.

Muchas veces encontramos tantas barreras en todas las áreas de la vida que limitan a las personas para que implementen y desarrollen sus conocimientos. Hay gente que pudieron alcanzar grandes logros, sin embargo encontraron barreras en el camino, gente que no estaba preparada para asimilar esas grandes ideas, esos grandes proyectos que prefirieron no seguir adelante, por el otro lado tenemos aquellos que abrieron camino donde no había camino, hicieron a un lado cada obstáculo que encontraron a su paso y lograron todo lo que se propusieron.

Cuando apareció "Dolly" hubo tanto alboroto que los noticieros hicieron a un lado a los políticos, y a las estrellas de cine de las portadas de los periódicos y revistas de la noche a la mañana. La oveja Dolly había aparecido, el símbolo de la inocencia se había convertido en una amenaza para la sociedad por medio de una nueva tecnología llamada: "La Clonación". Ese alboroto fue porque Dolly era una oveja "un clon" genéticamente idéntica a una oveja adulta, además el primer clon de un mamífero; lo que dio a la ciencia un salto agigantado y la posibilidad para poder crear a un ser humano por medio de la genética.

Stockinger escribió en 1997 en una revista alemana lo siguiente: *"Biólogos y doctores en cualquier parte del mundo podrían tener la idea de generar súper atletas, artistas o estrellas de cine. La persona del estante, u "Homo Xerox", ya no sería solo ficción. Incluso Hitlers y Stallins podrían producirlos en los laboratorios de bio-modeladores sí solamente una célula de ellos, que se pudiera usar fuera encontrada".*

Yo comparto la idea de Stockinger, si los científicos no tuvieran tantas barreras y oposiciones delante de ellos, ya nos hubieran dado la sorpresa que todos temen, *el primer ser humano clonado*, a este nivel que la ciencia a llegado, solo Dios puede detener al hombre de lograr lo que se ha propuesto. El profeta Daniel dijo que la ciencia se aumentaría y vemos que se ha cumplido. (Daniel 12:3-4)

La ciencia ha adelantado de forma tan increíble en los últimos años, que podemos apreciar los grandes avances por medio de la tecnología. Tenemos todo tipo de artículos sofisticados, podríamos mencionar por ejemplo enseres del hogar tan modernizados que todos son operados electrónicamente, teléfonos celulares por medio de los cuales podemos hacer todo tipo de transacciones bancarias, reservaciones, y lo más común enviar mensajes de texto con solo presionar una tecla. Los vehículos poseen una tecnología tan avanzada que tienen su propia computadora y mapas que te guían automáticamente y sensores que te avisan de un posible accidente, y si tienes problemas para estacionarte porque los espacios son muy reducidos, ya no tienes que preocuparte, el mismo vehículo lo hace por ti. Si deseas hacer una llamada telefónica cuando vas condiciendo, simplemente di el nombre de la persona que deseas llamar y el automóvil lo hace por ti. Y que de los aviones que no pueden ser detectados por radares que vuelan a una velocidad supersónica, y armamento tan avanzado que un científico dijo que tenemos una bomba que puede destruir el planeta tierra 20 veces, bombas químicas, biológicas, de gases, armas de toda clase, los microchips que son puestos en la piel con información personal.

Bien dijo el profeta Daniel que en los últimos tiempos la ciencia se aumentará, vemos que la Palabra de Dios se cumple. (Daniel 12:4) Hoy estamos oyendo hablar mucho de la nueva tecnología acerca de la clonación humana. El hombre es insaciable, nunca está satisfecho; me sorprendí mucho cuando oí hablar de este tema que quise investigar acerca de ello, y para mi sorpresa me doy cuenta, que la clonación humana es práticamente un hecho y aunque dicen que es inmoral, la ciencia seguirá su curso.

Probablemente en este mismo momento ya existan clones entre nosotros. Siempre había creído que la clonación humana nunca pasaría de ser ciencia ficción, pero me doy cuenta que estaba equivocado. ¡La Clonación Humana es una realidad! ¡Solo es cuestión de tiempo!

Hasta donde yo he podido investigar creo que Dios puede de alguna forma asistir al hombre en este nuevo proyecto, me refiero a permitir espíritu en un ser clonado. El hombre por medio de la ciencia puede hacer a una persona genéticamente idéntico; pero en cuanto a poner alma o espíritu en estos seres clonados genéticamente, sería imposible. Dios mismo dice en su palabra que cuando el hombre se propone hacer algo, no existe nada que pueda detenerlo. (Génesis 11:6)

He encontrado argumentos convincentes en los cuales dicen que los seres clonados tienen alma o espíritu. La pregunta que debemos hacernos es: ¿Quién pone ese espíritu en estos seres creados genéticamente? ¿Dios o la ciencia? ¿Quién pone espíritu en ellos? Cuando Dios creó a Adán, lo creó del polvo de la tierra y sopló aliento de vida en él, y a Eva la creó de una costilla de Adán, pero que también es un ser viviente; por favor leer el tema ¿"Tendrá Alma un Ser Humano Clonado"?

La clonación humana se ha convertido en el centro de atención de la sociedad y la política, como en la prueba definitiva de la existencia del Homo Sapiens. Somos únicos e irrepetibles de acuerdo a la Palabra de Dios. Dos mellizos, dos gemelos, pueden tener un ADN idéntico pero, su espíritu y mente-alma son irrepetibles. La clonación humana no puede crear dos personas idénticas en su personalidad, ni en el alma ni en los sentimientos, *solo en la carne*. Espiritualmente son dos personas diferentes delante Dios y para la vida eterna, y por los cuales ha muerto Cristo.

La investigación genética aun no tiene 150 años, pero se ha desarrollado de una forma sorprendente.

En 1865 el monje Gregor Mendel mostró las leyes de la herencia, aunque su descubrimiento pasó desapercibido.

En 1869 El patólogo suizo Friedrich Miescher descubre en espermatozoides de peces y otro material biológico la substancia responsable de la transmisión de los caracteres hereditarios: el (ADN) ácido desoxirribonucleico.

En 1900 Tres investigadores, el alemán Correns, el austriaco Tchermak y el holandés de Vries, redescubren independientemente uno del otro, las leyes de Mendel. De Vries informa en 1901 por primera vez de mutaciones.

En 1953 el biólogo estadounidense James Watson y el físico ingles Francis Crick describen la estructura de la molécula de ADN como una doble hélice.

En 1973 Investigadores producen la primera bacteria genéticamente modificada.

EN 1977 científicos norteamericanos introducen por primera vez en una bacteria material genético de células humanas.

En 1978 Nace en Gran Bretaña el primer bebé de probeta, engendrado mediante fertilización artificial o "in vitro".

En 1982 sale al mercado en Estados Unidos el primer medicamento producido por manipulación genética "Insulina".

En 1990 se inicia oficialmente el proyecto Genoma Humano (PGH), con financiación estatal destinado a descifrar el código genético humano.

En 1997 investigadores escoceses presentan a Dolly, una oveja de siete meses. Se trata del primer mamífero producido por clonación, a partir de una célula adulta.

En abril del año 2000, Craig Venter informó que su empresa Celera ha descifrado el 90% del código genético humano. Meses después, bajo presión política, Venter y el PGH se unen, y anuncian el 26 de junio que han logrado el mapa del 97% del genoma y la secuencia exacta del 85% de las bases del ADN.

En el diccionario de la Real Academia Española se señala que la palabra clon significa: "estirpe celular o serie de individuos pluricelulares nacidos de ésta, absolutamente homogéneas desde el punto de vista de su estructura genética; equivale a estirpe o raza pura". Los seres vivos unicelulares que no se reproducen sexualmente, o sea que no son resultado de la combinación genética de dos organismos distintos, se dividen simplemente partiéndose en dos o más células que son idénticas entre sí, y por lo tanto son un clon.

La tecnología puede producir células madre que pueden ser de gran beneficio para curar muchas enfermedades y creo que hasta ahí no hay ningún problema, ya que Dios, en esta forma ha dado la sabiduría a los hombres para nuestro propio beneficio. También creo que Dios ha puesto límites en los cuales debemos ser obedientes y no caer en desobediencia buscando una gloria que solo le corresponde a nuestro Creador.

La ciencia ha avanzado de una manera extraordinaria en los últimos años, tanto que el hombre en su afán e insaciable deseo de gloria y poder, se ha dedicado a la fabricación de los mejores aparatos tecnológicos que han sorprendido al mundo entero. Pero eso no es todo, ahora se encuentran los mejores científicos en ingeniería genética del mundo, trabajando arduamente por conseguir clonar seres humanos.

¿QUÉ ES LA CLONACIÓN?

Para los científicos, la clonación no es nada nuevo, hace mucho tiempo que la ciencia sabe cómo hacer que formas simples de vida se reproduzcan de manera asexual. Los últimos avances científicos pueden traer enormes cambios a la actual sociedad; está demostrado que los hechos científicos aunque menos notorios hacen cambiar a la sociedad más que los hechos políticos.

Mas o menos Treinta años atrás la clonación se asociaba principalmente a la horticultura y a la agricultura. La palabra "clon" de acuerdo al diccionario "PEQUEÑO LAROUSSE" significa: Conjunto de organismos que proceden de la reproducción vegetativa o asexual de un mismo individuo. La palabra "CLONACION" significa: Técnica utilizada en el cultivo de tejidos, gracias a la cual todas las células obtenidas proceden de una misma célula.

La historia tiene registrado el primer congelamiento de semen de toro [a –79 C] y fue anunciado en 1950 con el objeto de inseminar vacas para que produjeran terneros de mejor calidad. En 1952, después de dos años de este evento, se produjo la primera clonación animal cuando se desarrollaron ranas de renacuajos de mayor edad, en 1962 se realizó otra clonación de la misma especie de renacuajos.

Todos los seres humanos se reproducen creando otros seres vivos. La reproducción puede ser de dos tipos: sexual y asexual. En la reproducción sexual intervienen los dos sexos y el nuevo ser tiene características de sus dos progenitores, como ocurre en la especie humana. En la reproducción asexual no hace falta el otro sexo y el nuevo ser es idéntico del ser que ha partido.

Ejemplo, las plantas, si arrancamos un trozo de una planta con raíces y ramas tenemos otra planta genéticamente igual de la que ha salido.

Otro ejemplo sería; si arrancamos un brazo de una estrella de mar, este brazo regenera otra estrella igual. *¡Esto es un clon!* un individuo genéticamente igual a otro.

¿Y por qué si arrancamos un trozo de una persona ésta no se regenera? Por qué sus células son muy especializadas y han perdido esa capacidad de regeneración.

"La reproducción de clones se ha utilizado ampliamente en la agricultura. Las plantas pueden echar vástagos, o sea brotar del suelo otro ejemplar, o se pueden injertar. La variedad de naranjas (Washington Navel) (la del ombliguito en la piel) es estéril, no tiene semillas y todas las naranjas que hoy comemos proceden de un solo árbol. Lo mismo ocurre con los plátanos que comemos. Son clones. No tienen semillas y eso lo agradece el consumidor. ¿Por qué no tienen semillas? Una mutación casual lo provocó y como no se pueden reproducir sexualmente, ya que son estériles, el hombre los ha producido clonalmente."[1]

Por primera vez en 1983 se anunció que se transfería un embrión de una madre humana a otra.

---

1 TODO CIENCIA. R. Tomas, Julves, Tovar, Noviembre 23 de 2002. U.S.A.

En 1987 se anunció el primer ganado transgénico y en este mismo tiempo Ralph Brinster desarrolló cerdos que producían la hormona humana. En 1988 Mary Beth Whitehead consintió en convertirse en madre sustituta mediante inseminación artificial y cuando dio a luz a la Bebé M, ella quería quedarse con la niña, pero fue entregada a los padres biológicos.

La clonación se ha anunciado por mucho tiempo aunque no por medios netamente relacionados con este tema tan discutido, pero podemos observar el nacimiento de esta ciencia por medio de películas como:

LOS NIÑOS DE BRASIL

En esta película se proponían clonar pequeños Hitler. Un grupo de criminales de guerra nazis planean asesinar a 94 adultos de 65 años. Lieberman es un anciano cazador de nazis y usa sus contactos con un diario para que le den información de sus sedes en varias partes del mundo sobre la muerte de personas de 65 años de edad, con la esperanza de descubrir el plan. Lieberman ha asistido a varias reuniones con unas viudas y descubre que los hijos de los hombres asesinados son idénticos: de piel blanca, cabello lacio negro y ojos de color azul. En una de sus visitas, una de las viudas le comenta a Lieberman que uno de sus hijos es adoptado y que lo recibió de manos de Frieda Maloney (Uta Hagen), una criminal de guerra nazi a quien Lieberman había desenmascarado y decide ir a la presión donde se encuentra recluida y descubre que ella había trabajado en una agencia de adopción como favor para un grupo de nazis que la habían ayudado a escapar. En su trabajo ella debía dar niños a parejas que por su edad avanzada no podían adoptar de forma legal, teniendo que cumplir algunos requisitos como que el padre debía haber nacido cerca de 1910 y ser un burócrata, y la madre haber nacido cerca de 1933. Todos los niños le eran traídos a ella desde Brasil.

Lieberman viaja al instituto de biología de Viena para saber cómo es posible que todos los niños sean idénticos, en su aspecto como en su personalidad. El biólogo Bruno Ganz le comenta sobre el proceso en el cual puede clonar a un conejo a partir de unos óvulos y una muestra de ADN de la persona a clonar, pero le explica que el ser idénticos físicamente no hace que sean igual emocionalmente, y que para ellos es necesario que vivan las mismas experiencias. Lieberman reflexiona sobre ello y descubre que la persona que Mengele buscar clonar, y que vivió las mismas situaciones que él está haciendo pasar a los niños, es Adolf Hitler.

LOS X FILES

En la Serie de televisión "los X files" (los archivos X) se enfocó sobre clones psicológicos ficticios. Narra las aventuras de dos agentes del FBI, Fox Mulder (David Duchovny) y Dana Scully (Gillian Anderson), que investigan fenómenos paranormales. A lo largo de las nueve temporadas que duró la serie y repartidos entre el principio, la mitad y el final de la temporada presentaron una serie de episodios que los creadores de la serie llamaron mitológicos, en los que Mulder y Scully descubrían, una conspiración del gobierno de Estados Unidos para colaborar con una raza extraterrestre en los preparativos de la invasión de la tierra por el procedimiento de soltar un virus extraterrestre para que se extendiera por todo el mundo y exterminara a los humanos. El gobierno había pactado con los extraterrestres para poder clonar un híbrido que tuviera la combinación de humano y extraterrestre y con el ADN de él someter a la población del mundo para clonación genética y para hibridizar e inmunizar contra el virus a la humanidad. A cambio, la raza humana se convertiría en esclavos para los extraterrestres. En la sexta temporada los conspiradores eran exterminados por un grupo de extraterrestres rebeldes que se oponían a la invasión y los invasores tomaban control absoluto de la conspiración y ponían en marcha un programa para convertir a la humanidad entera en cyborgs híbridos de extraterrestres y humanos que recibían el nombre de Super-Soldados por el procedimiento de inocular el virus a los sujetos con los que experimentaban e implantarles quirúrgicamente dispositivos robóticos.

JURASIC PARK

La película Jurassic Park, es considerada una de las películas más exitosas de la historia, por que obtuvo tres Premios Oscar. La historia de esta película narra el éxito que ha obtenido la empresa científica InGen al crear dinosaurios a partir de la clonación genética de materia fósil hallada en mosquitos prehistóricos que se habían alimentado de la sangre de los dinosaurios durante la época jurásica, preservada en ámbar a través del transcurso del tiempo. El ADN de esos dinosaurios prehistóricos fue fusionado con segmentos genéticos provenientes de ranas para reponer las partes originales dañadas por el tiempo. Durante el proceso de la clonación fueron creados solo dinosaurios hembras estériles para prevenir una posible sobre-población incontrolada de dinosaurios en la isla. Alan Grant (Sam Neill) y los niños descubren nidos silvestres de dinosaurios descubriendo que han estado procreando; el Dr. Grant llega a la conclusión que el segmento genético de las ranas que había sido fusionado en el ADN de los dinosaurios prehistóricos fue el responsable de ello, porque algunas especies de ranas se conocen por cambiar esporádicamente de sexo al encontrarse en un ambiente uni-sexual, porque los dinosaurios fueron creados estériles. Al final de la película hammond, Malcolm, Grant, Ellie y los niños se suben a un jeep para llegar al lugar donde un helicóptero los espera para salir de la isla. Grant dice que no apoyará al parque, decisión que Hammond también comparte. Una ves estando en el helicóptero, los niños caen dormidos al lado de Grant, quien contempla a los Pterodáctilos volando en la cercanía, estos fueron una de las especies que sobrevivieron a los dinosaurios, que ahora que se han procreado y estarán en la isla donde residirá el fallido del proyecto Jurasic Park.

JURASIC PARK II

La película Jurasic Park II: "The Lost World", después de cuatro años de la devastación de jurasic Park, el Dr. Malcom (Jeff Goldblum) se da cuenta que algo ha sobrevivido en una isla de Costa Rica llamada "Isla Sorna" propiedad de la empresa InGen, se trata de la zona B: el lugar que servía como laboratorio genético donde se criaban los dinosaurios antes de llevarlos al Parque Jurásico. El sobrino de John Hammond, (Richard Attenborough) Peter Ludlow (Arliss Howard), es el nuevo presidente de la empresa InGen al destronar a su tío, decide levantar la economía con el dinero que obtendrá exhibiendo a los dinosaurios en un zoológico de San Diego. Para ello necesita contratar a un cazador experto llamado Roland Tembo (Pete Postlethwaite) y a todo un ejercito de mercenarios para capturar las enormes bestias prehistorias en la Isla de Sorna, que son el resultado de clonación de los dinosaurios y otros animales de la primera película Jurasic Park. La película termina con la entrevista de John Hammond, quien insiste en preservar a los dinosaurios y de mas animales clonados en su ambiente natural, sin la interferencia de la humanidad, desde la televisión de la casa de Ian Malcolm, este y Sara se quedan dormidos mientras Kelly se queda mirando. Después de esto se ve a los Tiranosaurios, una manada de estegosaurios migrando, y un grupo de Pterodáctilos volando.

JURASIC WORLD: FALLEN KINGDOM

La película "Jurasic World: Fallen kingdom", nos damos cuenta de algo muy interesante, y es que, Maisie Lockwood (Isabella Sermon), es la nieta de Bengamin Lockwood (James Cromwell), pero mas adelante en la película nos muestran que no es su nieta sino un clon de la hija que falleció en un accidente. Es interesante que desde la primera película Jurasic Park nos comenzaron a mostrar que la clonación de dinosaurios y muchos otros animales no son una posibilidad sino una realidad. Ahora podemos apreciar multitudes de diferentes especies de animales que han sido clonados con toda perfección. Una vez mas deseo recordarle que en Jurasic Park: Fallen Kingdom, ya se nos muestra a una niña clonada. ¿Qué es lo que sucede con tantas cintas cinematográficas sobre la clonación de seres humanos?, es muy simple; es una forma de prepararte mentalmente y fisicamente para cuando aparezca en letras mayusculas: "PRIMER SER HUMANO CLONADO", no te sorprendas.

La resurrección de dinosaurios seguirá siendo sin embargo y con seguridad una fantasía. Los dinosaurios desaparecieron hace 65 millones de años y no se ha encontrado carne de esos animales ni es probable que se encuentre. A veces se ha anunciado el hallazgo de ADN de dinosaurio, mas tal descubrimiento sigue siendo muy discutido y en cualquier caso todas las muestras se hayan muy fragmentadas. A su debido tiempo será indudablemente factible crear núcleos viables a partir de muestras completas de ADN, mas nunca se logrará reconstruir genomas enteros de dinosaurios si faltan fragmentos. La proeza exigiría una técnica inalcanzable porque desafiaría las reglas de la lógica. Nadie puede recrear animales a partir de un ADN que no existe, sean cuales fueren sus conocimientos y destrezas.[2]

MULTIPLICITY

La película "Multiplicity" Doug Kinney (Michael Keaton) es un hombre muy ocupado en el trabajo de construcción, y aunque quiere ser un marido y padre ejemplar, las exigencias de su trabajo no se lo permiten. Sin embargo todo cambia cuando conoce al doctor en genética Owen Leed. Leed le ofrece la solución a su problema a través de la clonación. Doug Kinney acepta y lo que al principio parece estupendo, pronto le acarrea problemas al crear más de un clon.

THE ISLAND

La película "The Island", en esta cinta cinematográfica se aborda el tema de la clonación humana que estamos tratando. Actualmente

---
2 La Segunda Creación. Wilmut Ian, Cambell Keith, Tudge Colin. Impreso por Proeza S.A. p.297. edición 2000

es posible clonar seres humanos por medio de esta técnica, más adelante veremos cómo científicos en ingeniería genética han logrado clonar diversas especies de animales. Esta película fue lanzada en 2005, la trama de la misma se desarrolla 14 años mas tarde o sea en 2019, cuando según el mundo se encuentra contaminado por un desastre ecológico, la Isla esta formada de una comunidad de personas que han sido clonados entre los cuales se encuentra Lincoln Six Eco (Ewan McGregor) y Jordan two Delta (Scarlett Johansson), sus vidas están controladas, aparentemente por su propio bien. La única oportunidad de salir es ser elegido por sorteo para ir a "la isla", un lugar muy anhelado por los habitantes de esa comunidad, es un lugar paradisiaco en el mundo libre de contaminación. Lincoln sufre de pesadillas inexplicables y se cuestiona las restricciones que le han impuesto, descubre que todo es una mentira y "La Isla" un engaño. Lincoln descubre que él y todos sus compañeros son clones producidos a partir de personas millonarias que necesitan trasplantes; y que resulta afortunado no viajar a "la isla", ya que todo es una mentira, mas bien mueren en un quirófano cuando su órgano es extraído para el trasplante del que lo clonó. Lincoln y Jordan descubren el engaño y logran escapar, para encontrar a sus clones y asi desenmascarar la mentira que se esconde tras una organización supuestamente benefactora.

REALIDAD Y NO CIENCIA FICCIÓN

Ahora tenemos al científico Ian Wilmut y su equipo anunciando la clonación realizada de una oveja (Dolly) utilizando una célula de una oveja adulta. Los científicos en su mayor parte acordaron que la clonación de embriones humanos en 1993 y el éxito de Ian Wilmut había llevado a la ciencia a dar un paso agigantado con relación a la clonación humana. Ian Wilmut es un científico en ingeniería genética. Su interés en la naturaleza y la agricultura lo llevó a estudiar agricultura en la Universidad de Nottingham, centrando su interés en la embriología. Wilmut, prestó especial atención a la ingeniería genética de los animales recibiendo su doctorado en la Universidad de Cambridge en 1971. Desde su trabajo post-doctoral ha estado trabajando en la investigación genética. En 1973 fue parte del equipo que elaboró el primer ternero de un embrión congelado, un animal que el equipo llamó Frosty. En 1974 se unió a la cría de animales en la Estación de Investigación en Edimburgo, Escocia, una organización sin fines de lucro afiliada a la Universidad de Edimburgo, que hoy se conoce como el Instituto Roslin.

DEFINICIÓN Y PROCEDIMIENTO DE LA CLONACIÓN

"El proceso consiste en los siguientes pasos: (1) Se remueve una célula del tejido de un macho del animal que se piensa reproducir. (2) Se extrae un óvulo maduro de una hembra del animal que se quiere duplicar. (3) Se inactiva completamente el núcleo de la célula del óvulo por medio de rayos láser o rayos ultravioletas, que resulta en borrar todas las características hereditarias de la hembra. (4) Se trasplanta la célula del macho en el óvulo de la hembra, lo cual le da un núcleo nuevo y características hereditarias nuevas. El óvulo ahora contiene el número correcto de genes. (5) La célula es colocada en una probeta y se fertiliza con esperma para arrancar el proceso de multiplicación. (6) La célula es trasplantada en el útero de una hembra para el proceso de la gestación." [3]

"Los clonadores tomarán una célula de un adulto humano y harán que se la pueda multiplicar, dejando por completo de lado el

---
[3] Bases Bíblicas de la Ética. Giles, James E. Editorial CBP, p. 304, quinta edición 2000

proceso normal de la concepción. Entonces, el embrión se implantará en el útero prestado de una mujer, se desarrollará hasta ser un feto humano y nacerá gemelo genético de su (madre) soltera.

Cada una de todos los billones de células del cuerpo humano (excepto los glóbulos rojos, que pierden sus núcleos durante el desarrollo) contiene su anteproyecto genético total, hasta la forma de sus orejas, el color de sus ojos las curvas y surcos de sus huellas digitales. Teóricamente, usted podría clonarse innumerables cantidades de veces si hubiera suficientes úteros – humanos o artificiales – para que el feto llegue a su término."[4]

La clonación de animales puede traer grandes ventajas, por ejemplo obtener cepas de animales genéticamente iguales para la utilidad de la investigación o la ganadería, que ofrece posibilidades inquietantes. Un ejemplo sería el siguiente: El cerebro humano puede vivir muchos más años que el cuerpo que le sustenta; si un día fuera posible el trasplante cerebral, existiría la posibilidad de crear personas clonadas a los cuales, se les podría trasplantar el cerebro cuando el cuerpo empieza a fallar.

En el proceso de la clonación humana, las mujeres donantes de óvulos serían tratadas con hormonas fertilizantes para producir bastantes óvulos. Solo uno de cada cuatro de estos óvulos será viable para la clonación de embriones. Se extrae con una aguja muy fina el núcleo del óvulo y se reemplaza por un núcleo de una célula de la persona que va a ser clonada. La fusión se completa con pequeñas descargas eléctricas, ahora el embrión queda listo para ser implantado en el útero de una madre de alquiler, pero solo una de cinco

---

4 <u>Clonación Humana</u>. Dr. Lester Lane P. Dr. Hefley James C. Editorial Portavoz, p.13, Quinta edición 2000

obtendrá un embarazo. De estos, no todos llegaran a feliz término, ya que se producirán numerosos abortos por todo tipo de anormalidades, eso suena un poco escalofriante. Los creadores de la oveja Dolly tuvieron que realizar muchísimos intentos sin tener algún éxito, pero como todos sabemos, los científicos lograron su cometido.

Afortunadamente, el hombre es un ser complejo y no solo es genética.

En la personalidad humana, además de la genética, influyen las vivencias (como dijo Ortega y Gasset, Yo soy Yo y mis circunstancias) y además, según piensan muchos investigadores, el desarrollo particular del cerebro.

Desde el principio se ha hecho mucho progreso en la clonación de plantas y animales, para producir especies con las características deseadas.

Las personas de gran alcance científico o personas multimillonarias podrían clonarse después de muertos, puesto que las células pueden vivir durante horas después de que mueren los órganos vitales, y no sería difícil congelar un cuerpo para preservar células suficientes con el objeto de clonar a una persona determinada.

TRANSFERENCIA NUCLEAR Y PARTENOGENESIS PARA CLONAR

Los científicos que anunciaron la primera clonación utilizaron dos técnicas diferentes, (1). La **"transferencia nuclear"** y (2). La **"partenogénesis"**, para lograr el desarrollo de embriones y las células "madre" que contienen.

Según explicaron los investigadores de la empresa Advanced Cell Technology (ACT), la clonación no buscaba crear un ser humano, sino la obtención de las células, que pueden revolucionar el campo de los trasplantes y ayudar a curar numerosas enfermedades.

Michael West, presidente de la firma ACT, con su cede en Worcestor (Massachussets), ha definido el paso dado como "un importante hito en la clonación terapéutica", la cual está destinada a buscar nuevos métodos curativos. Su trabajo aporta la primera prueba de que la re-programación de las células humanas puede proporcionar tejidos para los trasplantes".

La clonación de un ser humano está envuelta en polémica por el temor a que se creen clones de personas idénticas entre sí, o razas superiores, pero los celos también alcanzan a la clonación terapéutica, con fines científicos, por la destrucción de los embriones.

Los científicos de Advanced Cell Tecnology afirman que han meditado en las cuestiones morales que rodean a esta nueva tecnología y creen que debe dar primordial atención para "reducir el sufrimiento humano" que poseen las células "madre", que se encuentran en los embriones. La clonación proporciona a esas células la misma carga genética que la persona clonada, con lo que las células que se obtienen podrían ser usadas para tratar a un enfermo sin miedo a un rechazo de su sistema inmune. Según explicaron en *el journal of regenerative medicine*, los científicos de ACT han seguido la técnica conocida como "**transferencia nuclear**" para obtener las células madre.

Este método, que es muy similar al que se siguió para clonar a la oveja Dolly, consiste en la fusión de una célula adulta con un óvulo, con el fin de crear un embrión que tenga la misma carga genética que el donante de las células. En el proceso, se extrae el núcleo de la célula huevo y se inserta en su lugar, el núcleo de una célula adulta, por ejemplo de la piel, que contiene los genes del donante. Por un proceso desconocido hasta hace muy pocos años, unas sustancias químicas dentro del óvulo convencen a la nueva mezcla que se comporten del mismo modo que un embrión y que sus células comiencen a dividirse.

A los cuatro o cinco días, la masa de células forma lo que se conoce como un "blastocito", del que pueden ser extraídas las células "madre", también llamadas células embrionarias "stem" o tróncales", por su capacidad de dar lugar a otras células.

En el otro método empleado, la "**partenogénesis**", los investigadores utilizan sustancias químicas para obligar a los óvulos a comenzar a dividirse como si hubieran sido fertilizados. Se crearía con él, lo que se denomina un "embrión pre-implantable" y las células madre que se obtuvieran podrían cultivarse para dar lugar al mismo tipo de tejido que la paciente necesita, algo que han explicado los científicos de la ACT. En varios de los intentos abordados por los científicos con ambas técnicas, los resultados fueron infructuosos.

En uno de los procedimientos, los investigadores siguieron una técnica desarrollada en la Universidad de Hawai, en la que la célula usada para la clonación procedía del tejido de los ovarios. Los investigadores no han precisado en ningún momento si se han extraído ya las células "madre" que se buscaban en los experimentos y se han limitado a confirmar que los procedimientos demuestran la validez de la técnica.

"Nuestra intención ha manifestado Robert Lanza, vicepresidente científico de la firma – no es clonar seres humanos, sino lograr terapias que puedan salvar vidas en un amplio campo de las enfermedades, incluida la diabetes, el cáncer, el sida y los desordenes neurodegenerativos, como la enfermedad de Parkinson o de Alzheimeer".[5]

El 20 de Junio de 2002, los científicos de Estados Unidos informaron que habían logrado que células 'madre' adultas se comporten como embrionarias, este paso que según ellos es considerado de gran importancia para la cura de determinadas enfermedades. Investigadores estadounidenses han comprobado, por primera vez, que las células 'madre' adultas pueden ser tan versátiles y prometedoras como las polémicas células embrionarias. Este nuevo logro se considera de suma importancia porque puede proporcionar a los científicos nuevas líneas de investigación para buscar remedio a las enfermedades, sin tener que recurrir al uso de embriones.

Estas células 'madre', llamadas troncales por los científicos, son las que pueden dividirse y diferenciarse para formar cualquiera de los tejidos del cuerpo humano y, hasta ahora, su fuente principal de obtención eran los embriones. Científicos de la universidad de Minnesota consiguieron convertir células adultas de la medula espinal en células progenitoras 'multipotentes', las mismas que, habitualmente, proceden de las células 'madre' embrionarias.

5 WASTE, Actualidad ambiental y científica, Romero, Juan Ramón, 01/12/06

Catherine Versatillie, directora del Instituto de células Troncales (SCI) de la universidad de Minnesota, informó en una conferencia de prensa de que sus laboratorios comprobaron que las nuevas células pueden dar lugar a la mayoría de los tejidos, sino a todos, en pruebas realizadas con ratones. Los integrantes del equipo de investigadores precisaron que su aporte es un avance, pero afirmaron que las células embrionarias siguen siendo fundamentales para buscar una cura a numerosas dolencias.

En 1998, James Thomson, un biólogo celular de la universidad de Wisconsin, descubrió las células 'madre' embrionarias, que se han convertido en una promesa esperanzadora para la medicina de la próxima década. Esas células, procedentes de la fase del embrión denominada 'blastocito', pueden ser cultivadas y dar lugar a cualquiera de los tejidos especializados, como tejido cardiaco, epidémico y neuronal.

Los médicos que tratan a enfermos de Alzheimer y Parkinson, diabetes, esclerosis múltiple y cáncer, así como los que trabajan con trasplantes, han puesto sus ojos en esas células. El hecho de que las células 'madre' procedan de los embriones y estos tengan que ser destruidos para obtenerlas, las ha convertido en células polémicas, en especial en Estados Unidos, donde el ex-presidente George W. Bush restringió los fondos para investigar con ellas.

"Bajo determinadas condiciones de cultivo, las células 'madre' adultas (que no proceden directamente de los embriones) pueden ser útiles para el tratamiento en vivo de desordenes genéticos o degenerativos" afirmó Versatillie".[6]

El avance supone un cambio sobre las ideas que circulan en la comunidad científica, en la que las células 'adultas' se consideran prometedoras, pero no tan versátiles como las embrionarias. El equipo

6 WASTE MAGAZINE, noticias de clonación, Verfaillie, Catherine, 6/20/2002

de Minnesota demostró que también las células adultas son capaces de dar lugar a los tres tipos de capas germinales que poseen el embrión en desarrollo, (1) el endodermo, (2) el ectodermo y (3) el mesodermo. Del endodermo se derivan los tejidos del tracto digestivo, los órganos respiratorios, la vagina y la uretra. Del mesodermo los tejidos musculares, esqueleto y aparato circulatorio, y del ectodermo la piel y el sistema nervioso, entre otros.

Los investigadores de la Universidad de Minnesota denominaron a las células obtenidas MAPC, iniciales en ingles de células progenitoras adultas 'multipotentes'. Los resultados de sus investigaciones se publicaran en la revista 'Nature'. Las células de la que han partido procedían de la medula espinal y ya se sabía que este tipo de células pueden dar lugar a otras células de sangre, pero no a una variedad de células como la consanguínea ahora.

En las pruebas realizadas con ratones se comprobó que las células adultas contribuyeron funcionalmente al desarrollo de diferentes órganos y se diferenciaron como células de sangre, de la piel, hígado, estomago y pulmones.

CLONAN EMBRIONES HUMANOS PARA OBTENER CÉLULAS MADRE

La empresa de Estados Unidos Advance Cell Technology (ACT) ha clonado embriones humanos para obtener células madre que ayuden a curar enfermedades y dijo que su intención no es crear seres humanos completos. Este anuncio ha sido recibido con críticas por medios de políticos estadounidenses y entre algunos investigadores, que entienden que este paso supone abrir por completo la puerta a la clonación humana.

Debemos saber qué ACT es una empresa privada por lo que no está sometida a las restricciones impuestas por el gobierno de Estados Unidos en la investigación con células embrionarias. José Cibelli, vicepresidente de investigación de la empresa, declaró que sus trabajos confirman que "es posible la re-programación de las células humanas" y que se abre un nuevo campo al tratamiento de las enfermedades.

Las células madre, que se encuentran principalmente en los embriones, pueden dar lugar a cualquier tipo de tejido del cuerpo humano si son cultivadas, lo que las convierte en un tratamiento potencial para trasplantes y para regenerar los tejidos muertos a causa del cáncer, la enfermedad de Alzheimer o de Parkinson, entre otras. Pero solo serán totalmente compatibles con la persona que las necesita cuando procedan de un clon del propio enfermo, porque el sistema inmunológico las reconocerá como propias.

ACT, es una pequeña compañía con sede en Worcester (Massachussets), ha dado el paso en Estados Unidos de clonar células embrionarias con el material genético de otra persona mediante un procedimiento denominado "transferencia nuclear". En este procedimiento muy similar al que se empleó para clonar a la oveja Dolly, se retira el material genético (ADN) que posee un óvulo humano y se sustituye por ADN de una célula adulta, por ejemplo de la piel que pertenece a otra persona. El resultado, tras varios procesos, es que el núcleo de una nueva célula se re-programa y comienza a comportarse como un embrión en sus distintas fases de desarrollo, una de las cuales producirá las células madre compatibles con la apersona que aportó su ADN fue lo que explicaron fuentes de la empresa ACT.

El presidente de dicha empresa, Michael West rechazó la posibilidad de que sus experimentos lleven a la clonación completa de un ser humano. Sin embargo, numerosos científicos contrarios a la clonación humana afirman que esos nuevos embriones, si se implantan en el útero de una mujer, pueden llevar a término la creación de un ser humano, que sería una copia perfecta de otra persona.

La preocupación en este campo se hizo patente el pasado verano, cuando el andrólogo italiano Severino Antinori anunció su intención de crear por este mismo procedimiento un ser humano completo.

La secta de los Raelianos, que afirma que la raza humana procede de los extraterrestres, ha creado una organización científica, llamada 'Clonaid', con estos mismos propósitos. "Mas adelante estaré hablando más detalladamente acerca de esta secta, su creencia y su relación con la clonación humana".

Este avance por la ACT es un reto a la legislación más que las dificultades de la tecnología. Este importante avance se ha dado cuando en Estados Unidos existe un vacío legal respecto a la clonación de embriones, ya que su prohibición por parte del congreso quedó frenada por los atentados del 11 de septiembre del 2001. Según se ha demostrado con la clonación animal, la clonación de un embrión humano no plantea problemas técnicos.

La preocupación procede de que aun no se conoce con exactitud qué efectos genéticos puede tener en los clones que resulten. La clonación, según Rudolf Jaenisch y Ian Wilmut, dos de los máximos expertos en esta tecnología aplicada a animales, "es por ahora una técnica imperfecta y peligrosa". Aunque en la clonación de embriones humanos con fines terapéuticos, como fue anunciado por Advance Cell Tecnology, solo se contempla la obtención de células 'madre' y no de seres completos, algunos científicos creen que el problema puede seguir siendo el mismo. Mientras no haya técnicas para purificar las células obtenidas de un clon humano, los defectos genéticos que pudiera contener el ADN del donante se reproducirían.

En las nuevas células embrionarias, afirmó Inder Verma, del instituto de Estudios Biológicos Salk de San Diego (California). De ser así, las células 'madre' obtenidas por clonación para tratar a un enfermo de diabetes podrían seguir conteniendo los mismos defectos genéticos que predisponen al paciente a la enfermedad.

El anuncio hecho por la empresa ACT era esperado, por lo que opinan muchos científicos, **"La Clonación, es cuestión de tiempo"**, pero ha resucitado el polémico debate en el que la ciencia estaba inmersa antes de los atentados de septiembre.

LA ÉTICA DE LA CLONACIÓN

"Ética viene del griego, *ethos*, que significa costumbres o prácticas que son aprobadas por un grupo especifico, al cual llamamos cultura. La ética es la ciencia de la moral. Busca determinar los valores y establecer las normas para regular el comportamiento de los seres humanos en una sociedad. Por eso, se llama una ciencia normativa, en contraste con las ciencias más descriptivas, tales como las matemáticas, la biología, y la física. Estas ciencias exactas luchan incansablemente para descubrir la verdad, pero no participan en determinar la moral del uso de sus descubrimientos. En cambio, la ética se dedica a influir en la sociedad sobre el uso de los avances científicos, para asegurarse que sean fuerzas positivas y no negativas para la humanidad y para el medio ambiente".[7]

Con esto en mente podemos continuar con lo que es, la ética de la clonación. Cada persona tiene una opinión acerca de sí, es o no correcto clonar a un ser humano. Producir asexualmente copias de organismos iguales desde el punto de vista genético, todos ellos procedentes de un antecesor común, hace que la mayoría de personas tengan una reacción negativa. ¿Por qué desearía alguien hacer algo así? Esta es la pregunta más frecuente en las personas, sin embargo la

[7] Bases Bíblicas de la Ética. Giles. James E. Editorial CBP, p.23, quinta edición 2000

mayoría de ellos reconoce que una vez que la clonación sea un hecho científico, solo será cuestión de tiempo para que den inicio de una forma normal al proyecto de clonar seres humanos, ya que el hombre se lo ha propuesto y no parará hasta lograrlo.

La reacción negativa de la mayoría de las personas en cuanto a la clonación humana es normal, porque no conoce esta nueva tecnología en referencia a la ingeniería genética, aun así; la forma con que la gente reacciona tiene mucha importancia. Las normas éticas de aproximadamente 2500 años atrás y la más reciente llamada Bioética toman en cuenta la acción emocional de los seres humanos desarrollados normalmente cuando formulan respuestas a preguntas éticas difíciles. La mayoría tiene la idea que la procreación es una expresión de amor que tiene su fundamento dentro de un contexto de la familia, lo cual constituye algo favorable que debería protegerse. Las personas, en gran parte; creen que la procreación sexual no debe ser reemplazada por ninguna tecnología de laboratorio.

Todas las culturas cuentan con un estándar ético como los mandamientos del Señor en el cual dos de ellos dicen: (Honra a tu padre y tu madre para que tus días se alarguen sobre la tierra que Jehová Dios te da Éxodo 20:12), (No cometerás adulterio Éxodo 20:14), estos mandamientos aunque no son todos, le dan una fuerte expresión al sentido ético básico y que de alguna manera son usados para entorpecer lo que hoy llamamos valores familiares. No obstante, las relaciones y las antiguas normas éticas no son todo lo ético que una persona esperaría, en otras palabras; no se pueden utilizar antiguos textos fuera de contexto como soluciones rápidas a problemas contemporáneos sin evadir su contenido que a la vez pueda confundirnos.

Aunque nuestra reacción inicial a una nueva posibilidad científica puede ser no aceptada, abundan los ejemplos de cambios que inicialmente causaron una reacción negativa y luego se aceptaron, puesto que producían consecuencias buenas e importantes. Uno de los roles de los eticistas o de los filósofos morales consiste en considerar todos los aspectos de una situación; consecuencias y circunstancias, propósitos y posibilidades. Ética significa pensar detallada y ampliamente acerca de situaciones y no quedarse estancado solo en versos relevantes de la Escritura o respuestas de instinto inicial importantes.

Hoy en día, mucha gente califica como practicante de una reflexión ética seria. La mayoría de los sacerdotes, pastores y rabinos se consideran a sí mismos eticistas. Los periodistas, por su parte también se consideran de la misma forma, en especial los encargados de la página editorial. Los doctores hacen las veces de importantes eticistas en nuestra cultura, diciéndonos cada día por la televisión, radio, revistas y a través de los periódicos como vivir, cómo morir, cómo criar a nuestros hijos, que comer y así sucesivamente. Los lectores de las páginas editoriales no se sorprenderán por los comentarios éticos acerca de la problemática de la clonación.

LOS ETICISTAS RELIGIOSOS

Una muy buena cantidad de los expertos en ética provienen de la religión. Los eticistas del vaticano están fuertemente en contra de la clonación, y así continúa la triste historia en relación a una reacción negativa hacia el descubriendo científico. El Obispo Sgrecia declaró que resulta incorrecto alterar una especie animal, considere, por tanto, el caso de un simple ser humano. Otra persona se refirió a la clonación como una violación a la integridad del matrimonio. Algunos expertos del vaticano reflejan los puntos de vista del papa y él ya rechazó cualquier uso de tecnologías que interfieran con la procreación sexual dentro del matrimonio o que haga factible la destrucción de embriones humanos.

Los teólogos católicos romanos pueden hacer uso de diferentes suposiciones de fondo, desde la perspectiva del papa y sus opiniones tienden a la falta de credibilidad. Algunos ven las tecnologías genéticas como una expresión de la creatividad humana y esta como una ventaja, ya que refleja la creatividad de Dios.

Crear nuevas plantas y animales mediante intervención genética es un hecho tecnológicamente amplio, pero aun la mayoría de los líderes católicos difieren en cuanto a la clonación humana.

Los eticistas protestantes tienden a buscar contribuciones provenientes de las Sagradas Escrituras.

Sin embargo, la Biblia no proporciona respuestas específicas a problemas modernos. Puede proporcionar dirección ética general la que posteriormente debe enfrentarse a una dirección contradictoria provenientes de textos diferentes. El libro de Génesis nos presenta un ejemplo que nos proporciona dos historias sobre la creación diferente. Génesis Uno, presenta al hombre como un ser que tiene dominio sobre toda la creación, y al ejercer dominio, el hombre está actuando a la imagen de Dios. Esta historia puede respaldar tecnologías genéticas e incluso la clonación.

En la segunda historia de la creación de Génesis Dos, la responsabilidad del hombre supera al de un asistente. Debe cuidar la creación y, a su vez, protegerla. En la actualidad, la dirección ética sería justo lo contrario y la clonación podría ser considerada como una violación a la administración. Las Sagradas Escrituras no proporcionan respuestas específicas a problemas científicos contemporáneos, los eticistas bíblicos deben pensar detalladamente sobre la problemática de la clonación con mucha más seriedad y responsabilidad.

Los eticistas judíos tienden a buscar dirección ética de las Sagradas Escrituras como del Talmud (Ley y tradición judía). El rabino Moses Tendler, profesor de ética medica, analizó la clonación haciendo uso de la metáfora talmúdica de la abeja que ofrece miel y su aguijón.

Preguntó, ¿Estamos en el punto del árbol del conocimiento dónde renunciaremos a la miel para evitar el aguijón? Otros rabinos no ven ninguna razón para criticar o incluso regular la clonación.

LOS ETICISTAS CIENTIFICOS

La mayor parte de los eticistas religiosos consideran la clonación humana como un hecho incorrecto. Los más permisivos entre ellos instan a una gran precaución en la utilización de este tipo de manipulación genética. No obstante, la ciencia tiene sus propios eticistas y, por lo general, toman el punto de vista contrario. Los científicos tienden a centrarse en los beneficios positivos de la clonación, descartando los peligros. No hacen predicciones de consecuencias catastróficas seriamente. A la crítica sobre ética proveniente de la ciencia exterior, la consideran un poco ilustrada y perjudicial. Creen que se puede confiar en ellos como creadores de su propia ética, incluso cuentan con sus propios héroes éticos, santos científicos de todo tipo (Galileo, Bacon), estos eticistas científicos enfatizan las posibilidades correspondientes a conquistar la enfermedad y la infertilidad lo cual es prácticamente un hecho. También se centran en nueva información acerca del funcionamiento celular que ayudará en la lucha contra el cáncer. Además, la clonación podría actuar como medio de protección en contra de ciertas enfermedades genéticas que resultan de la combinación de genes de ambos padres. No obstante, la ciencia cuenta con su propia historia de escándalos éticos y la idea de que la gente debería dejar hacer a los científicos lo que ellos consideran correcto no es muy convincente. El Dr. James Watson concuerda en que esta problemática no puede dejarse solamente en manos de la ciencia.

LOS ETICISTAS ECONÓMICOS

A la ciencia y a la economía no les parece bien las restricciones éticas. Personas de influencias sobre intereses económicos (en la economía) apoyan a los científicos contra cualquier situación que pueda restringir la clonación. Los intereses económicos se encuentran concentrados mucho más en la clonación animal que en la humana. No quieren que las posibilidades económicas de la clonación animal se arruinen a causa de las preocupaciones que produce la clonación humana. Es bueno conocer los beneficios que traerá la ciencia para ayudar al ser humano.

LOS ETICISTAS LITERARIOS

La literatura, como la religión, constituye una importante fuente de ética. Los novelistas y los poetas proporcionan puntos de vista éticos y muchos ya han tomado posiciones muy críticas en cuanto a la clonación. El libro de Mary Shelly "Frankenstein" (1818) fue la primera evaluación negativa. Frankenstein era inteligente y articulado, pero se encontraba profundamente angustiado por su origen antinatural. En esta historia, el personaje se vuelve loco y asesinó al doctor que lo creó. "Los Niños de Brasil" fue tan aterradora como la clonación misma cuando se piensa de forma negativa.

LOS ETICISTAS GUBERNAMENTALES

El gobierno, por medio de la influencia; ha exigido por años controles éticos estrictos sobre investigación genética y terapia que involucra a los seres humanos.

Inmediatamente después de las recientes noticias acerca de la clonación, los ex presidentes Bill Clinton y Jeorge W. Bush prohibieron temporalmente el uso de dinero federal para experimentos de clonación humana. No mucho después del decreto del ex presidente Clinton, el diputado republicano Vernon Elders de Michigan propuso una prohibición en cuanto a la clonación humana, ya que esta podría crear una reacción negativa hacia la clonación animal y, por esta razón, perjudicaría a los negocios. Sin decir lo que hará el congreso, pero incluso si el gobierno prohíbe la clonación, esto aun deja al mercado como una base alternativa para actividades relativas a la clonación.

LOS BIOTECISTAS

Los bioeticistas están recién iniciados en el amplio campo de la reflexión ética. La bioética posee su propia teoría de fondo, principios abstractos e historias paradigmáticas, pero se desplaza desde una amplia perspectiva ética hacia normas, reglas y políticas concretas. No se espera mucha inspiración de los bioeticistas, pero sí, más pautas para todo lo que se puede o no hacer en la ciencia y en la medicina.

Los bioeticistas han estado trabajando en el área de la genética un poco después del descubrimiento del ADN. Hacen una distinción entre célula somática e intervenciones genéticas celulares de línea germinal. La primera se refiere a tratamientos relativos a enfermedades genéticas mediante la introducción de un gen que funciona adecuadamente en una persona en la que este es anormal. Se centra en enfermedades de anemia de glóbulos falconiformes. La terapia de la célula somática afecta solo a la persona aquejada de una enfermedad genética reconocida.

Se distingue de la terapia de línea germinal que involucra cambios en un óvulo o un esperma y, por ende, incluye alteraciones genéticas que se traspasaran a otras generaciones.

Veamos un ejemplo de pautas de bioética para la intervención genética celulares somáticas en los seres humanos. 1) La intervención genética se puede utilizar solo para el tratamiento de enfermedades genéticas serias. 2) No se encuentran disponibles terapias genéticas o alternativas. 3) El defecto genético debe identificarse claramente. 4)

Estudios de animales extensivos deben preceder a cualquier intervención humana con el fin de sustentar quejas acerca de la seguridad y de la eficacia. 5) Todas las intervenciones terapéuticas deben ser precedidas de elaborados procedimientos del consentimiento informado. 6) Las formas y estrategias del consentimiento deben ser aprobadas por un comité ético constitucional.

La clonación sería un ejemplo de la intervención de línea germinal. Resulta mucho más difícil obtener la aprobación para intervenciones de línea germinal por muchas razones, incluyendo que el hecho de las alteraciones celulares de línea germinal es difícil de transmitir y, por ende, tienen una eficacia limitada, se realizaron cientos de intentos para clonar a Dolly. Los estándares éticos de línea germinal, además de los mencionados anteriormente, son más rigurosos. 1) La ciencia genética debe ser probada y la intervención propuesta debe contar con una tasa de éxito razonable. 2) La intervención de línea germinal debe mantener la promesa de una utilidad sustancial.

3) Éticamente, no se permite ninguna intervención que altere las características humanas fundamentales; por ejemplo: libertad, inteligencia y capacidad racional.

4) Éticamente, no se permite ninguna intervención que pueda crear un riesgo a la diversidad genética.

Todas las pautas bioéticas puestas a disposición en la actualidad estarían contra la aprobación de la clonación en nuestros días. *La reciente clonación de ovejas y monos hace una clonación humana exitosa casi con certeza absoluta y supera la objeción basada en falta de éxito.* Sin embargo, ¿ofrecería la clonación una utilidad sustancial? El Dr. Ian Wilmut, quien clonó a la oveja Dolly, expresó su oposición ante la clonación humana. Dijo que la gente no estaba pensando cuidadosamente y que no podía ver ninguna aplicación útil de sus técnicas de clonación en los humanos.

Las reservas éticas del Dr. Wilmut acerca de la clonación humana se pueden basar también en el criterio número 3. Por cierto, la clonación humana altera la relación básica entre la persona clonada y el "padre" (antecesor genético). Cualquier tipo de utilización extensiva de la clonación violaría la pauta número 4 al crear un riesgo en la diversidad genética. Las presentes aplicaciones terapéuticas limitadas de la clonación hacen posible que ésta sea realizada con el fin de diseñar cambios en las especies humanas (eugenesia).

Sin embargo, ¿cómo decidimos que cambios son apropiados en las especies humanas? ¿Deberíamos transformarnos en nuestros propios creadores?

Estas importantes preguntas explican el porqué el Dr. James Watson, el descubridor del ADN no podría justificar el simple hecho de dejar las preguntas éticas acerca de la clonación a los científicos.

La ciencia médica y la tecnología genética, en la actualidad, nos obligan a enfrentar las preguntas básicas: ¿Qué es la vida humana? ¿Qué es un niño? ¿Quién es un padre? ¿Qué es una familia? ¿Cuál es el propósito de tener hijos? ¿Existe un Dios? ¿Somos nuestros propios creadores o asistentes de la creación de Dios? Nadie tiene una respuesta definitiva para cualquiera de estas preguntas. No obstante, sería bueno que cada ser humano tuviera una respuesta concreta a cada una de estas preguntas y así entender el tremendo significado de cada una de ellas. Alguien podría decir, yo sé lo que es una familia, un niño, un padre, sin embargo las estadísticas nos muestran la realidad y resultado de lo que entendemos respecto a estas preguntas. Existen centenares de familias que han sufrido la desilusión de pasar por un divorcio, niños desamparados que han sido abandonados por sus padres. Nosotros los seres humanos debemos continuar cuestionándonos. La lucha por el significado nunca va a terminar. Solo los fundamentalistas religiosos y seculares tienen certeza de tener las respuestas. Sin embargo, podemos estar de acuerdo con ciertas cosas. Los seres humanos son creativos. Inevitablemente, intervenimos en la naturaleza con nuestras herramientas y tecnologías. Sin embargo, deberíamos respetar la estructura de la naturaleza e ingresar lentamente en un área tan delicada como la clonación humana.

INGLATERRA APRUEBA LA CLONACIÓN CON FINES TERAPÉUTICOS

El 27 de Febrero del año 2002, se aprobó en Inglaterra la ley que permite clonar embriones humanos para la investigación médica, lo que podría en el futuro permitir a los científicos la creación de tejidos con fines terapéuticos.

La cámara señala que esta clonación terapéutica deberá realizarse bajo estrictas normas, y considera que los potenciales benéficos que puedan resultar de este avance justifican los interrogantes éticos que pueda engendrar.

El Ex-Primer Ministro de Inglaterra, Tony Blair propuso esta ley poniendo en énfasis el hecho de que clonar embriones para la investigación no es lo mismo que crear una copia exacta de un ser humano, es decir subrayando la diferencia que existe entre la clonación que dio nacimiento a la oveja Dolly en 1997 y el uso de embriones para la creación de tejidos. Con la aplicación de esta nueva ley, los científicos podrán tratar una amplia gama de enfermedades, al crear un clon de embrión de una persona enferma y extraer de él células genéticamente idénticas al paciente para su uso en tratamiento.

Este avance científico tiene como objetivo utilizar las células para hacer crecer partes del cuerpo que en un futuro puedan servir para reemplazar órganos que están dañados, por ejemplo; la medula ósea de un niño con leucemia o el tejido que ha resultado afectado por un ataque al corazón.

PORCENTAJE DE GENES EN EL GENOMA HUMANO

El genoma humano está compuesto por aproximadamente 26.383 y 39.114 genes, es prácticamente idéntica en todas las razas y solo dos veces mayor que el de la mosca de la fruta, la "drosofila melanogaster", según la secuencia codificada del genoma, que la revista "Science" ha dado a conocer por primera vez.

La secuencia, con una precisión media que se calcula en un 99,96 por ciento, aparece codificada en color para distinguir las funciones de dos tercios de todos los genes identificados, y revela un remoto código sorprendente común en todos los grupos étnicos.

Con una cobertura precisa del 95 por ciento del genoma completo, la secuencia establece el número total de genes humanos, que son entre 26.383 y 39.114. En este sentido, y considerando que la cifra final rondara los 30.000, los autores del articulo que publica la revista, firmado por el doctor J. Craig Venter, de la Celera Genomics, y otros 282 investigadores, entre los que figuran dos españoles (los biólogos Rodric Guigo Serra y Joseph Francesc Abril Ferrando, de la Universidad Pompeu Fabra de Barcelona), señalan que las personas tienen tan solo unos 13.000 genes mas que la mosca de la fruta.

Esto es sorprendentemente bajo, ya que algunos investigadores habían calculado hasta 140.000 genes en el genoma humano.

El director de la revista "Science", Donald Kennedy dijo: Este logro espectacular representa la secuencia del genoma humano más precisa y completa jamás conseguida y supone excitantes perspectivas para el avance de la medicina. Además agregó diciendo: Nos puede decir mucho sobre cuál es nuestro lugar en el variado panorama de la vida. El informe de "Science" revela también vastas extensiones de regiones casi desérticas en el genoma, done la secuencia genética contiene relativamente pocos o ningún gen codificador de proteínas. Alrededor de una cuarta parte del genoma se puede considerar que está desierta, con grandes segmentos vacíos de genes.

En concreto, la densidad de los genes es máxima a lo largo de los cromosomas 17,19 y 22, pero los cromosomas X, 4, 13,18, Y, están comparativamente vacíos.

Los genes existen en su mayoría en islas o conglomerados separados por grandes desiertos de millones de pares de base de longitud que tienen pocos o ningún gen.

Según el artículo publicado los seres humanos comparten el 99,99 por ciento del mismo código genético con los demás. De hecho, personas de distintos grupos raciales pueden ser mas similares genéticamente que individuos dentro de la misma etnia. Las variaciones individuales representan solo el 0,01 por ciento, o 1.250 "letras" diferentes en la secuencia completa.

Estas instrucciones genéticas se encuentran dentro de 46 grandes moléculas conteniendo ADN, llamadas cromosomas, 23 de cada padre. Dentro de los cromosomas, las cadenas de fosfatos de glucosa están unidas por pares de bases químicas: A,C,G,T (adenina, citosina, guanina y timina). Estas letras juntas forman los escalones de la estructura de escalera del ADN y portan también el código para sintetizar nuevas proteínas y crear vida.

EL MAPA DE LA VIDA

El hombre es mucho más que la suma de sus genes. La secuencia del genoma humano dice tan poco sobre el hombre como un plano de una ciudad sobre la vida en sus calles. En cada célula del cuerpo humano hay alrededor de 100.000 genes, que tienen la información genética para construir las distintas proteínas y partes del organismo.

Es por eso que a partir de un minúsculo óvulo fecundado se puede desarrollar un hombre adulto completo con todos sus órganos.

Los genes individuales se activan en determinado momento y lugar, de manera que la célula produce un tipo de proteína. También las células de un dedo poseen el gen que codifica para el color de ojos, pero no es activo en ese miembro. En general, la mayoría de los genes están desactivados en una gran cantidad de tiempo.

Una enfermedad hereditaria o un tipo de cáncer puede aparecer cuando no hay una correcta regulación o cuando a partir de un gen defectuoso se produce una proteína con errores en su configuración.

Un gen está formado por una larga serie de cuatro "ladrillos" con las bases: (A) adenina, (T) timina, (G) guanina (C) citosina. Si un gen es activado, se procede a su transcripción, y un mensajero lleva la información hasta las fábricas de proteínas de las células, los ribosomas, donde se llevará a cabo la traducción y la formación de la correspondiente cadena de aminoácidos, que luego se plegará para formar la proteína. Las proteínas tienen el rol principal en el metabolismo del cuerpo. Entre algunas de sus funciones están las de participar en la construcción de material óseo y depósitos de grasas o la formación de los músculos. Las enzimas, otro tipo de proteínas, degradan los alimentos. Un gen muestra solo la secuencia de bases, pero no dice nada acerca de la estructura tridimensional de la proteína ni acerca de su función. Es por eso que el trabajo más importante se realiza solo después de descifrar el gen.

EL MAPA DEL GENOMA HUMANO

Este descubrimiento se considera el mayor avance del siglo. Fueron catorce años de investigación para obtener el primer mapa del genoma humano, el descubrimiento del siglo que demuestra que el hombre solo tiene 30.000 genes: la tercera parte de lo estimado hasta y el doble que organismos tan simples como la mosca del vinagre. No exento de rivalidades entre científicos del consorcio publico y de la empresa privada, el análisis del genoma ha permitido conocer también que compartimos material genético con otros organismos y prueba las ideas de Darwin sobre la unidad de la vida en las diferentes especies.

Pero los datos no vienen sin polémica, dado que los científicos del proyecto público del Genoma Humano y de Celera Genomics se han acusado mutuamente de falta de rigor. Así, el presidente de celera, Craig Venter, asegura que sus datos tienen una fiabilidad del 95 por ciento, frente al 90 por ciento del consorcio publico. Por el contrario, otros científicos sostienen que Venter nunca habría completado el mapa sin los datos derivados del proyecto público, difundidos diariamente a través del Internet.

La presentación oficial del primer borrador completo del genoma humano, el 26 de junio del año 2000, marcó el comienzo de una nueva era en la historia de la ciencia.

En esta versión se logró descifrar el 97 por ciento de la información codificada en la molécula del ADN (ácido desoxirribonucleico), formada por tres mil millones de pares de bases, del cual el 85 por ciento se estableció de modo preciso.

Tras una intensa carrera entre la parte publica y la privada, un acuerdo de última hora permitió el anuncio simultáneo del llamado "*libro de la vida*" en Tokio, Berlín, Paris, Londres y Washington.

En esta última ciudad, se unieron en la presentación Francis Collins, responsable de la iniciativa pública, y el Primer Ministro británico, Tony Blair.

Para alcanzar esos resultados fueron necesarios mas de diez años de trabajo de un millar de científicos de EEUU, Reino Unido, Japón, Francia, Alemania y China, y un presupuesto de casi 2.000 millones de dólares. Sin embargo, harán falta varias décadas para entender la información que encierra cada uno de los 30.000 genes localizados, y cómo interactúan entre ellos, y cuál es su relación con la aparición de determinadas enfermedades. En 1984 se dan los primeros pasos en la investigación del genoma, pero no sería hasta 1990 cuando se pone en marcha bajo el patrocinio del gobierno de Estados Unidos el proyecto genoma humano dirigido por James Watson, al tiempo que se inicia también en Francia, Reino Unido y Japón.

Tras dos años de trabajos, Watson- descubridor de la doble hélice de ADN junto a James Crick- renuncia a dirigir el proyecto y le releva Francis Collins.

En 1995, Venter, entonces presidente del instituto de investigación del genoma, descifra la secuencia completa del ADN de un organismo vivo (la bacteria haemophilus influenzae) y 3 años después crea Celera Genomics. El 10 de Diciembre de 1998, científicos estadounidenses y británicos descifran por primera vez los 97 millones de caracteres que integran el genoma completo del gusano "Caenorhabditis elegans", y en Marzo del año 2000 Celera logra la secuencia completa del genoma de la mosca de la fruta, un animal mucho más sencillo, con 160 millones de bases, pero un paso fundamental para lograr la secuencia del genoma humano.

Un mes después Celera Genomics identifica todas las letras químicas que conforman los genes y sus acciones versátiles se revalorizan en un 28 por ciento en la Bolsa de New York. En Mayo del 2000, un equipo internacional logra la secuencia de todo el material genético del cromosoma 21 del ser humano, tras hacerlo con el cromosoma 22, y el 1º de Junio del mismo año Celera descifra una tercera parte de la secuencia genética de los ratones, que poseen el mismo numero de elementos de su ADN que el hombre, pero ni sus genes ni la ordenación que presentan en la espiral genética es la misma.

Para la ciencia medica, el ADN encierra las claves para entender y combatir una gran parte de las enfermedades, como el cáncer, la diabetes, la obesidad, el envejecimiento, los trastornos del sistema inmunológico y las degeneraciones nerviosas cerebrales.

La obtención del mapa del genoma humano cambiará radicalmente el modo en que se tratan las enfermedades, facilitando la formulación de medicinas ajustadas a los genes de cada paciente, y ayudando a combatir diversas patologías. Conociendo el modo en que se estructura el material genético, los científicos podrán conocer las diferencias entre un gen normal y otro cancerígeno, cuya composición viene definida por la secuencia del ADN.

A lo largo de la vida, los organismos se exponen a multitud de agentes químicos, radiaciones y virus que afectan al ADN, y que en ocasiones causan las multiplicaciones de las células y la proliferación del cáncer. De hecho, en 1999 los investigadores pudieron identificar genes vinculados a enfermedades como la epilepsia o la sordera. Se calcula que dentro de 20 años cada persona puede tener su "mapa genético individualizado", de manera que sabrá sus puntos débiles y su propensión a padecer ciertas enfermedades.

La descodificación del ADN, el hilo con que está tejida la vida, ha permitido este año 2000 dibujar el Mapa del Genoma Humano, cuya lectura e interpretación permitirá dar pasos de gigante en el avance de la ciencia. Genes, proteínas, aminoácidos y cromosomas reproducen en cada célula del cuerpo humano unas órdenes precisas. Descifrar esas ordenes supondrá empezar a entender las enfermedades que nos afligen y su posible cura. Ha sido un trabajo de más de una década y miles de millones de dólares en investigaciones que, el pasado 26 de junio, dieron el primer gran fruto esperado, el Mapa del Genoma Humano, el santo grial de la biología.

Francis Collins, director del instituto de investigaciones del Genoma Humano dijo: "Este es el comienzo, no el final" en el conocimiento del código genético, también añadió que el siguiente paso es averiguar cómo funcionan todos sus componentes".

Las enfermedades, incluido el cáncer, son procesos que se disparan por una mutación de los genes, pero hay casi 100.000 genes ocultos en la interminable espiral del ADN, el ácido desoxirribonucleico que forma los cromosomas.

"Estamos hablando de leer el libro de instrucciones de un ser humano", asegura Collins, cuyo instituto encabeza en Estados Unidos la iniciativa publica internacional que ha llevado acabo buena parte de las investigaciones.

El ADN es la piedra angular de esta investigación. La fibra trenzada con la que se tejen los cromosomas de las células y en la que se esconden los genes, los verdaderos depositarios de la herencia.

Los científicos han tenido que descubrir, con la ayuda de potentes ordenadores, la naturaleza de esa trama, la posición exacta que ocupan los 4 aminoácidos, adenina, citosina, guanina, timina, que se entrelazan para formar la hélice del ADN.

El proyecto Genoma Humano, el consorcio internacional de científicos que ha trabajado en este objetivo, ha logrado completar ya un *"borrador de trabajo"* de la huella genética humana. Pero ha sido la empresa privada Celera Genomics de Rockville, Maryland, la que ha logrado la secuencia y el ensamblaje de todas las letras. *"Conociendo el Genoma, cambiará el modo en que se harán los medicamentos y las pruebas medicas"*, declaró Craig Venter, presidente de Celera, quien advierte que este hallazgo *"impulsará la nueva era de la medicina individualizada"*.

Haber descifrado los 3.000 millones de "letras" del ADN humano es considerado uno de los mayores logros científicos de la humanidad. Comienza una nueva era de medicina genética, prometiendo nuevos tratamientos y nuevos medicamentos "a medida" para diversas formas de cáncer, enfermedades cardiovasculares y muchos males hasta ahora incurables.

La secuencia específica de las bases (adenina, timina, citosina, y guanina) en la molécula de ADN gobierna las funciones biológicas desde el momento de la concepción, y determina las características individuales, desde el color de los ojos y el talento musical hasta la propensión a determinadas enfermedades.

La información contenida en el genoma humano, si pudiera ser escrita, llenaría guías telefónicas de 200 a 500 páginas.

Cada célula encierra alrededor de 100.000 genes, que contienen toda la información vital con que nace el individuo.

El logro anunciado hoy se produce casi 50 años después que el norteamericano James Watson y el británico Francis Crick anunciaran en Cambridge (Gr. Bretaña) la descripción tridimensional completa de la molécula de ADN con su típica forma de doble hélice.

"Durante décadas y siglos, ésta secuencia informará todo en medicina, todo en biología, y nos conducirá a una comprensión total, no solo de los seres humanos, sino de toda la vida. La vida es una unidad, y al comprender una parte se comprende otra", señaló John Sulston, director del Sanger Centre de Cambridge, base del Proyecto Genoma Humano en Gran Bretaña.

Michael Dexter, del Wellcome Trust, que aportó 300 millones de dólares al proyecto, dijo: *"Hacer el mapa del genoma humano ha sido comparado con la llegada del hombre a la luna, pero creo que es más que eso. Es un logro extraordinario, no solo de nuestra era, sino de toda la historia de la humanidad".*

El anuncio acabó con dos años de rivalidad entre el Proyecto Genoma Humano y la empresa Celera Genomics Corporation (Rockville, Maryland), fundada por Craig Venter.

El PGH pone sus resultados gratuitamente al servicio de la ciencia y la humanidad, mientras Venter, que convirtió el proyecto en una carrera, pretende patentar sus resultados – cosa que algunos califican como intento de patentar el "software de Dios". Craig ha vendido sus resultados a consorcios farmacéuticos con el propósito de producir medicamentos "a la medida" para determinadas enfermedades de origen genético.

La mayoría del trabajo del Proyecto Genoma Humano (PGH) ha sido hecho por el instituto Whitehead de investigación Biomédica, del instituto Tecnológico de Massachussets. El Sanger Centre de Cambridge (Gr. Bretaña) hizo la segunda mayor contribución para descifrar el código y secuenció un tercio del genoma.

En el PGH participaron Estados Unidos, Francia, Alemania, Japón y China, en un proyecto que, hasta cerca del año 2005, desde que fue lanzado en 1990, tendría un costo de cerca de 3.000 millones de dólares.

EL GENIO HA SIDO LIBERADO

Recuerdo la historia infantil de "Aladin y la lampara maravillosa", Aladin es un joven humilde y juntamente con su inseparable mono se dedican a robar y a engañar a la gente para poder sobrevivir, toda su vida cambia cuando se encuentran una lampara que al frotarla aparece un genio con las habilidades de poder conceder cualquier deseo. El primer deseo fue que lo convirtiera en príncipe para poder casarse con la princesa Jazmín. La idea es que hoy en día estamos rodeados de hombres y mujeres con una inteligencia tan genial que pueden ofrecer grandes beneficios a la sociedad creando nuevas ciencias y tecnologías que continuan asombrando a la humanidad hoy en día. La idea de crear asexualmente copias de organismos idénticos en un laboratorio por medio de ingeniería genética, crea en la mayoría de las personas una reacción moral negativa. Cada persona tiene una opinión en cuanto si es o no correcto clonar a un ser humano, es por eso que esta nueva ciencia es tan contradictoria. Hace algunos años atrás, nos sorprendían todos los avances tecnológicos y creíamos que los científicos habían llegado a la culminación y limite del conocimiento científico. Pero ahora nos encontramos frente a un hecho que para muchos es escalofriante. ¡**Hombres creando vida, haciendo el papel de Dios!** Yo se, que solo es cuestión de tiempo y dentro de muy pocos años todos los medios de comunicación nos inundaran con títulos en letras mayúsculas **"El PRIMER SER HUMANO CREADO EN UN LABORATORIO"**

El genio ha sido liberado y nadie lo detendrá, solo Dios podría hacerlo, pero no intervendrá para dar cumplimiento a Su Palabra. No hay paso a tras, la ciencia cada día va de aumento en aumento.

¿Estás preparado emocionalmente y psicológicamente para cuando esto suceda? Creo que hasta cierto punto, es ese el propósito de los directores de películas de cine, crear tantas cintas cinematográficas y de esa forma hacer conciencia en la sociedad, de que la clonación humana es una realidad o puede ser un hecho real en un tiempo no muy lejano.

El 08 de Agosto del año 2001, varios expertos en clonación humana de Estados Unidos, Europa y Japón expresaron su oposición a la clonación humana por los peligros que encierra, en el mismo encuentro en el que el científico italiano Severino Antinori anunciara sus planes para clonar a una persona. La academia nacional de las ciencias de EE UU comenzó en Washington un convenio sobre la clonación, en la que se pretende sentar las bases para la clonación humana. Varios expertos en las facetas bioquímicas y veterinarias de la clonación animal, declararon su oposición a la clonación humana porque puede reproducir los efectos observados en animales. Severino Antinori de la Universidad de Roma, dijo que pronto intentará la clonación de una persona, porque *"un ser humano es diferente de un animal"*. Agregó las siguientes palabras, **"nadie me detendrá"**, el científico italiano dijo también, que proporcionará información mas detallada sobre su proyecto de clonación humana, señaló a la prensa que *"si no se permite la clonación, será como volver a la Edad Media"*. Antinori expresó que hay mas de 700 parejas que desean tener un hijo por medio de la clonación. Eso podría permitir que padres que han perdido a un hijo engendren otro con 99% de las características del anterior, aunque muchos científicos han advertido que una persona nunca será igual a otra, a pesar de la clonación.

Entre los científicos que más critican al profesor Antinori y sus planes están Rudolph Jaenisch, un experto del Instituto de Tecnología de Massachussets, y Ian Wilmut, del Instituto Roslin de Escocia, y "padre" de la oveja Dolly. Jaenisch advirtió que los problemas observados en animales son tan notables que por hoy clonar un ser humano *"es ineficaz y peligroso"*. "Hay muchas razones sociales y éticas por las que nosotros nunca estaremos a favor de clonar a una persona".

Alan Colman, director del instituto 'PPL- Therapeutics' que es una empresa pequeña de biotecnología de Edimburgo (Escocia) dedicada a la clonación animal, destacó que la escasa supervivencia de los animales clonados y los defectos que presentaron en su nacimiento no aconseja la clonación humana. Colman dijo: *"Mi punto de vista para oponerme a la clonación humana es ante todo la escasa supervivencia observada"*, explicando que la medida de supervivencia va desde 1,1 año hasta 10,6 años en el caso de las vacas clonadas, y de 1,3 a 3,7 años en las cabras. "La clonación humana es ineficaz e insegura, porque puede producir cambios en los cromosomas y mutaciones somáticas". El futuro de la clonación animal es una mejoría segura, pero en seres humanos "no debe intentarse".

Problemas observados: Anomalías en la placenta de los animales clonados, defectos en las células sanguíneas, enfermedades cardiacas, y problemas pulmonares, como también el problema de sobrepeso en los animales clonados.

LA OVEJA DOLLY

Hace aproximadamente 22 años se anunció la llegada de un siglo XXI donde la ciencia convertía sus funciones científicas en realidad. Los creadores del primer mamífero clonado de la historia de la humanidad, se veían rodeados de decenas de fotógrafos para tomar el mejor ángulo de la oveja clonada en un campo en las afueras de Edimburgo.

La aparición de la oveja Dolly fue impactante en todo el mundo. Los creadores de la oveja dicen que los comentaristas de todo el mundo dijeron que si era posible clonar a una oveja a partir de una célula corporal también era posible hacer otro tanto con un ser humano. Continuan diciendo, muchos aborrecían tal idea y entre ellos se contó al ex-presidente Bill Clinton, quien solicitó una moratoria mundial para todas las investigaciones sobre clonación. Pero otros acogieron de buen grado la clonación humana y algunos como el doctor Richard Seed, en realidad físico y no medico, se brindaron incluso a crear clínicas de clonación.

Tal actitud suponía sin duda una anticipación de varias décadas a los acontecimientos ya que son muy pocos los científicos con la pericia necesaria, incluso en las mejores manos la clonación humana sería en esta etapa absurdamente arriesgada. Recogí muchas de las llamadas telefónicas que llovieron sobre el Roslin Institute inmediatamente después de que diéramos a conocer la existencia de Dolly y me horrorizó al punto la idea de que familias desconsoladas nos preguntasen si podíamos clonar a seres queridos ya fallecidos. Tengo dos hijas y un hijo y comprendo la pesadilla que es para un padre perder a un miembro de su prole y cuanto suplicaría por recobrarle, pero no poseía y ni poseo poder para realizar esta tarea. Supongo que este constituyó mi primer y agudo indicio del efecto que Dolly podría ejercer en la vida y percepción de los seres humanos. Tales suplicas estaban basadas en una idea errónea la que el tipo de clonación que originó a Dolly permitiría una duplicación exacta e instantánea, una resurrección virtual. Pero sencillamente no es así. La idea alcanzó empero una gran difusión y se reflejó en artículos y dibujos publicados en todo el mundo. La portada de Spiegel presentó a un regimiento de Hitler.

Pero la clonación esta muy lejos de los pensamientos y las ambiciones de Keith y míos, y preferiríamos que nadie la intentara nunca. Si la comenten- y con seguridad sucedería algún día- seria cruel no desear buena suerte a todos los que participen en la tarea, mas la perspectiva de la clonación humana nos suscita graves recelos. Resultan fisicamente demasiado arriesgada, podría tener efectos funestos en la psicología del niño clonado y en definitiva advertimos justificación médica para tal hecho. En nuestra opinión, la tecnología que ha dado lugar a Dolly posee una significación mucho más amplia. Con el paso de las décadas y los siglos, la ciencia de la clonación y las tecnologías que de esta de deriven afectaran a todos los aspectos de la vida humana: el tipo de cosas que la gente pueda hacer, la forma de vivir e incluso, si lo deseamos, el tipo de persona que seremos. Esas futuras tecnologías brindaran a nuestros sucesores un grado de control sobre los procesos vitales que llegaran realmente a aparecer absoluto. Hasta el nacimiento de Dolly, los científicos eran propensos a afirmar que tal o cual procedimiento sería <<biológicamente imposible>>, pero ahora esa expresión parece haber perdido todo sentido. En el siglo XXI y posteriores, la ambición humana no tendrá más topes que las leyes de la física, y las reglas de la lógica y el propio sentido del bien y del mal que posean nuestros descendientes. Verdaderamente Dolly, nos ha conducido a la era del control biológico.[8]

Dolly no ha sido la única oveja clonada, según sus creadores sus primeros éxitos fueron Megan, Morag, ovejas de raza Welsh Moutain clonadas a partir de cultivos de células embrionarias, Taffy y Tweed, dos machos de la raza Welsh Black, fueron clonados al mismo tiempo que Dolly, a partir de células fetales cultivadas, y cuando menos son tan importantes como Dolly, puesto que las células fetales puede que sean mejores para trabajar. Dicen los creadores de Dolly que si no hubiera sido por ella, Taffy y Tweed serían los corderos más famosos del mundo. Al mismo tiempo que Dolly clonaron a partir de células embrionarias cultivadas a Cedric, Cyril, Cecil, Tuppence, cuatro corderos jóvenes de la raza Dorset que son genéticamente idénticos entre sí y sin embargo muy diferentes en tamaño y temperamento, lo

---

[8] La Segunda Creación. Wilmut Ian, Cambell Keith, Tudge Colin. Impreso por Pureza, S.A. P.22-23, edición 2000

que revela con gran claridad que los genes de un animal no determinan cada detalle de su físico y de su carácter.

Mas Dolly posee un atributo sorprendentemente que permanecerá siempre incuestionable: fue absolutamente el primer animal creado a partir de células diferenciadas cultivadas de un adulto. Refutaba asi de una vez por todas el concepto, que había sido virtualmente un dogma durante cien años, que decía que una vez consagradas las células a sus tareas en un animal adulto no pueden volver a ser totipotentes. La célula que creó a Dolly procedía de una oveja adulta -una oveja casi vieja aportó los genes- y sin embargo su capacidad para ser reprogramada hasta la totipotencia ha quedado demostrada mas allá de toda duda. Keith fue el primero en insistir en que las células diferenciadas pueden ser reprogramadas, con tal que se preste la atención adecuada a los ciclos celulares del cariosplasto y del citoplasto; y esta hipótesis se halla ciertamente confirmada, por sorprendente e incluso extravagante que hubiera parecido unos pocos años antes.

En resumidas cuentas: su nacimiento fue literalmente virginal o, al menos, no era resultado directo de un acto sexual. Los Reyes Magos de la ciencia quedaron lógicamente asombrados. Muchos consideraban que la clonación a partir de células de adulto resultaba imposible y los mas optimistas por lo general suponían que no se lograría hasta dentro de cien anos. Incluso a John Gurdon, el precursor de la clonación moderna, lo cogió por sorpresa. Ademas y como pasa con todos los grandes mitos, pronto fue puesta en tela de juicio la naturaleza de aquel nacimiento: ciertos científicos y periodistas dudaron de si Dolly representaba lo que afirmábamos que era o si se trataba de pura charlatanería, un error o incluso un fraude. Pero Dolly es real y sus genes proceden de una célula de glándula mamaria de oveja adulta; todas las posibles dudas al respecto quedaron disipadas en el verano de 1998 por las pruebas de identificación genética (genetic fingerprinting). Su nacimiento no fue desde luego accidental y, por supuesto, llevamos mucho tiempo pensando en la clonación a partir de células de adultos.[9]

Artritis y muerte prematura de Dolly. La oveja padecía de artritis y no sabían ni sabrán nunca si había contraído la enfermedad por un extraño accidente al saltar una valla o como consecuencia de algún código perdido en la cadena genética que la trajo al mundo.

La célula que dio origen a la oveja Dolly provenía de una célula de una oveja de 6 años de edad, no se sabía entonces como la edad de la célula-madre iba a afectar a la oveja, ya que la artritis que padeció en la cadera y en la rodilla de la pata trasera izquierda es tan habitual en ovejas jóvenes. Una de las hipótesis, es que Dolly de poco más de cinco años tiene en realidad once años; y por lo tanto la oveja esté próxima al desenlace fatal de la vida de los ovinos, que mueren tras pastar hierbas entre 10 a 12 años. La otra posibilidad es que la artritis de Dolly sea la consecuencia de algún desconocido proceso de degeneración física que se derive de las mismas circunstancias de su excepcional nacimiento. El doctor Ian Wilmut, padre científico de Dolly en el Instituto Roslin, reconoció que una proporción muy

---

[9] La Segunda Creación. Wilmut Ian, Cambell Keith, Tudge Colin. Impreso por Pureza, S.A. P.252-253. edición 2000

alta de animales nacidos mediante clonación genética mueren prematuramente o padecen enfermedades. La oveja murió de seis anos y medio, una muerte prematura.

La gente supone que el clon de un adulto iniciaba su vida con una desventaja en cuanto a la edad; en lugar de ser un recién nacido, pareciera que la edad interna del clon fuera mas avanzada de lo que su propio tiempo de vida indicaba. De allí tomaron la idea de que la edad biológica de los clones y su edad cronológica no estaban sincronizadas y, por tanto, los animales clonados morían jóvenes.

DEBATE EN CIENCIA Y ÉTICA

Un grupo internacional de expertos en biotecnología advirtió en Madrid que el debate suscitado en torno a la viabilidad ética de la clonación humana podría entorpecer la investigación terapéutica sobre las células madre.

Los científicos Jonás Frisen, (Karoinsca Instute de Estocolmo), Erioc Lagasse (Stem Cells Inc de California), Carlos Martínez (Universidad Autónoma de Madrid), José Manuel García Verdugo (Universidad de Valencia) y el director de programas de investigación y Ciencia de la Fundación de Ciencias de la Salud, José María Mato, participaron en la jornada *"Células Madre, Tejidos y Órganos"*, todos ellos coincidieron en la valoración de que la polémica respecto a iniciativas como el proyecto para clonar niños del ginecólogo italiano Severino Antinori provoca confusión en la opinión pública.

Destacaron también la importancia de investigar el potencial de las células madre tanto embrionarias como fetales y adultas, para preparar células aptas para trasplantes en enfermedades como Parkinson, distrofia muscular, diabetes, daños en la medula espinal, alzheimer y leucemia. En este sentido, Carlos Martínez, señaló que la comunidad científica todavía desconoce el mecanismo básico de estas células y la necesidad de investigar su potencial terapéutico.

En lo que se refiere a la particularidad española, Martínez coincide con García Verdugo en que si se destruyen los embriones congelados, *"España perdería información básica"* sobre esta materia. *"La lógica nos dice que si se van a destruir, es preferible estudiarlos. Además, *al tener menos de 14 meses todavía no tienen una caracterización humana"*. No obstante, consideran que el papel de los científicos es investigar todas las opciones, con el fin de que la sociedad posea la mayor información sobre las mismas, a partir de la cual poder establecer un debate. A modo de ilustración del potencial terapéutico de estas técnicas, cada uno de los investigadores expuso sus líneas de investigación. Así, Lagasse señaló que su equipo de investigadores ha conseguido cultivar células procedentes de la medula ósea e implantarlas en el hígado dañado de ratones que posteriormente curaron su enfermedad hepática.

En la misma dirección, los equipos de Frisen y García Verdugo estudian la identificación, localización y el desarrollo de las células madre del cerebro aplicadas a la terapéutica de las enfermedades de-generativas.

Reconocidos representantes de la comunidad científica mundial y defensores de los derechos civiles debatieron en la ONU las inconveniencias de los experimentos para clonar seres humanos. Ciencia y ética enfrentadas en debate en esta reunión.

Primero fue la oveja Dolly, luego embriones humanos, y más recientemente un gato, monos, caballos, y por ultimo un perro, (Snuppy) clonado por un científico coreano. La clonación se ha convertido en uno de los asuntos más debatidos y temidos de nuestra era. En Nueva York, un grupo de científicos y defensores de los derechos civiles reunidos en la ONU, hizo un llamado urgente para detener los experimentos para la clonación de seres humanos.

En 1997 el científico escocés Ian Wilmut hizo historia y sorprendió al mundo entero cuando presentó una oveja de 7 meses que había creado por medio de un proceso llamado clonación. Por medio de la ciencia, Dolly se convertía en la primera copia genética exacta de otra oveja en vida.

Desde entonces muchos han sido los experimentos que mediante la clonación han revolucionado el área de la genética. En Noviembre del año 2001, un grupo de científicos del Centro de Tecnología Celular Avanzada de Massachussets, liderado por el doctor Robert P. Lanza, anunció a la opinión pública mundial que había logrado clonar con éxito el primer embrión humano en etapa temprana. A esto siguió el anuncio del polémico científico italiano Severino Antinori, quien aseguró que para finales del año 2002, conseguiría clonar al primer ser humano. Algunos de los opositores dicen: *Toda persona tiene derecho a ser concebida sin manipulación genética*, los expertos explicaron a los delegados de la ONU y a la prensa internacional, el rápido desarrollo que ha tenido la tecnología en genética humana, y la necesidad de fuertes políticas mundiales para prevenir su peligroso uso. "Repito el genio ha sido liberado y detenerlo no será fácil, es más, creo que nadie podrá hacerlo. Dios no va ha intervenir, por lo antes mencionado.

Por lo cual es urgente llegar a un acuerdo mediante políticas internacionales y prohibir la reproducción humana mediante la clonación y otras tecnologías de manipulación genética, que podrían afectar moralmente a la sociedad y lo más común de la humanidad". La doctora en filosofía Evelyn Shuster dijo: La clonación usará la sexualidad humana para la dominación, y se le quitará la individualidad y la personalidad a los niños. La mujer que dé a luz a un niño clon, será su madre y su hermana gemela al mismo tiempo, y eso trágicamente fracturará y destruirá la formación de una familia típica y de la sociedad. Además no estamos hablando de que solamente se puede crear un solo clon de una persona, sino 20 y hasta 50, toda una serie, lo que causará grandes problemas de identidad. Por su parte, el doctor Richard Hayes, director ejecutivo del Centro para la Genética y la sociedad, dijo que ésta nueva tecnología genética se ha desarrollado de una manera tan rápida que ni los creadores de leyes y la sociedad civil, han tenido suficiente oportunidad para entenderla, conocer sus implicaciones, para acordar políticas que prevengan su abuso.

Richard Hayes dice estar seguro que la clonación de personas crearía mayor discriminación y esclavitud, y que atentará contra la civilización y sus principios, y eso es lo que la ONU quiere prohibir. *"Entre los peligros está la creencia de que se va a obtener el perfecto bebé, el perfecto ser humano, y que habrá una nueva categoría de seres humanos que verá inferiormente a los otros seres humanos no clonados. Por ello, esto es un asunto urgente de derechos humanos internacionales".* "actualmente se encuentran científicos y formadores de leyes trabajando juntamente para no permitir a ningún individuo, grupo o país, el cambiar las características de los seres humanos, su dignidad y sus derechos.

Para ellos, nadie puede venir en nombre de toda la comunidad en general y cambiar lo que significa ser un humano mediante una determinada tecnología científica. Por lo cual, no ven la razón para que personas de diferentes naciones, culturas, filosofías y religiones, no puedan trabajar juntas y apoyar políticas que sean necesarias para proteger el futuro común de la humanidad.

ANTICUERPOS HUMANOS PRODUCIDOS POR TERNEROS CLONADOS

Científicos de Estados Unidos clonaron alrededor de 20 terneros que pueden crear anticuerpos humanos, según reveló recientemente la revista "Nature Biotecnología" en un informe publicado en la página de Internet, en que señala también que este avance podría ayudar a crear anticuerpos contra toda una serie de enfermedades. Los terneros clonados y manipulados genéticamente no solo tienen un gen humano, sino toda una sección de genes que pueden controlar la producción de muchos anticuerpos. Hasta ahora, los terneros clonados producen anticuerpos humanos en niveles bajos, pero los científicos creen que con una mayor experimentación se podrá aumentar la producción, que en última instancia, harán que estos animales se conviertan en una especie de fábrica de anticuerpos humanos.

Los científicos han creado primero, un cromosoma humano artificial, con los genes encargados de la producción de anticuerpos, y lo insertaron en células dérmicas (de la piel) destinadas a la clonación de los terneros.

En estos momentos, el laboratorio cuenta con unos 20 terneros, machos y hembras, clonados mediante ese mecanismo y que pueden producir anticuerpos humanos, proteínas que se aferran a un elemento extraño que ingresa al cuerpo, como los virus y las bacterias, para impedir su funcionamiento o que ataque el sistema inmunológico.

La clonación de los terneros previamente manipulados para producir en ellos anticuerpos que permitan combatir enfermedades en el organismo de las personas no es mas que un primer paso de la ciencia en su búsqueda de una solución eficaz a determinadas enfermedades.

PAMPA: LA PRIMERA TERNERA CLONADA

En Buenos Aires, Argentina; el 12 de Agosto del año 2002 nació la primera ternera clonada que lleva por nombre "Pampa". El animal que fue gestado a partir de la clonación de fibroblastos obtenidos de la piel fetal bovina. El proyecto sitúa a Argentina entre la escasa docena de países que hasta el momento fueron capaces de obtener clones vacunos. Se informó que el principal objetivo de este desarrollo tecnológico es la futura producción de proteínas humanas que se transformarán en medicamentos para más gente a un precio mas bajo.

ANDI: EL PRIMER MONO MODIFICADO GENÉTICAMENTE

Científicos de Estados unidos logran romper con éxito una nueva barrera de la investigación al crear el primer mono por medio de la ingeniería genética, lo que permitirá obtener nuevos modelos para combatir enfermedades como el cáncer o el sida.

"ANDi" que se llama así por las iniciales en ingles del ADN (ácido desoxirribonucleico), es un pequeño mono que nació el 2 de Octubre del año 2000 y se ha convertido en el primer animal genéticamente modificado en la familia de los primates. Los científicos tratan por todos los medios lograr los anticuerpos para así poder tratar las innumerables enfermedades que agobian al mundo, entre ellas: El cáncer, la fibrosis cistica, la enfermedad de Alzheimer, los defectos de nacimiento, las enfermedades coronarias o el sida.

COPYCAT: EL PRIMER GATO CLONADO

El gato de dos meses que nació el 22 de Diciembre del año 2001, es el primer animal domestico que se clona en el mundo. Desde la oveja Dolly, los científicos han clonado todo tipo de animales, incluyendo cerdos y ratones, pero "copycat", como lo han bautizado sus padres científicos, supone un nuevo reto para la ciencia. Si bien no se puede medir el carácter de una oveja o de un ratón, los gatos están suficientemente domésticos como para que los dueños de su madre genética puedan reconocer en la criatura las reacciones de su progenitora. No será tarea fácil, por eso los científicos de la Universidad de Collage Station (Texas) que han llevado a cabo el experimento no habían querido aun oficializarlo. El experimento abre las puertas de la clonación masiva de animales domésticos. Dicen los científicos que el gatito era vigoroso desde su nacimiento y que aparenta ser totalmente normal además dijeron es muy simpático y juguetón.

El 22 de Diciembre de 2004, los medios de comunicación nos sorprendieron al darnos la noticia de que Julie residente de Texas, Estados Unidos pagó US$50,000 por la clonación de *"little Nicki"*. El gatito es una copia idéntica del original Nicki un gato que murió a los 17 años de edad.

PROMETEA. EL PRIMER CABALLO CLONADO

EL PRIMER CABALLO CLONADO DEL MUNDO. PROMETEA es el nombre del caballo que ha llegado al mundo por medio de clonación genética. Según la revista 'Nature' el materia genético fue obtenido de una linea celular de su propia madre. La clonación fue llevada a cabo por investigadores del Instituto Experimental Italiano 'Lazaro Spallanazani'. La yegua clonada es idéntica a su madre, de acuerdo al examen de ADN. Lo importante del éxito de esta clonación, es que la cría es genéticamente idéntica a la madre. Los clonadores de Prometea dicen que con este suman el caballo a la lista de especies que han sido clonados con éxito a partir de una célula adulta.

Para llevar a cabo la clonación de Prometea, los científicos utilizaron fibroblastos de lineas celulares procedentes de la piel de un macho de raza árabe y una hembra 'Haflinger'. Los ovocitos se obtuvieron mediante maduración 'in vitro' de ovocitos procedentes de ovarios equinos. Tras despojarlos de su núcleo, los embriones fueron reconstruidos mediante fusión celular con los fibroblastos. La gestación de Prometea se dio después de 336 días de forma natural, pero los científicos decidieron esperar un tiempo hasta corroborar que el clon se encontraba en perfecto estado de salud para hacer publico el anuncio.

El experimento se llevó a cabo en un laboratorio especial de técnicas reproductivas en Cremona del sur de Italia. Este experimento fue dirigido por el italiano Cesare Galli, experto en biotecnología de la universidad de Cambridge.

SNUPPY. EL PRIMER PERRO CLONADO

Corea del sur. Hwang Woo-Suk creador de SNUPPY dijo: "El perro tiene características similares a las de los seres humanos". Algunas de las enfermedades que sufre el perro son similares a las que sufren los seres humanos.

Los investigadores extrajeron material genético de la oreja del padre y lo depositaron en un óvulo, el cual fue estimulado para convertirlo en un embrión.

La madre de Snuppy es un labrador amarillo, mientras que su padre es un sabueso afgano de color negro.

El material genético fue tomado de la oreja de su padre, luego fue insertado en un óvulo donde lo estimularon para su crecimiento, después lo insertaron en su madre, la que dio a luz en un periodo normal de 60 días mediante cesárea el 24 de abril de 2005.

Para este experimento se necesitaron mas de 1.000 embriones de los cuales solo se lograron tres embarazos de allí nació Snuppy.

¿CÓMO SERÁ EL PRIMER SER HUMANO CLONADO?

Científicos de Estados Unidos aseguran que si clonan seres humanos inmediatamente, el primer clon será "un niño deforme". De la misma forma que se ha logrado clonar perfectamente diversos animales, también se logrará clonar perfectamente a los seres humanos. Creo sin temor a equivocarme, que ya tenemos seres humanos clonados entre nosotros.

Esta opinión se suma a la amplia reacción negativa que ha provocado el anuncio de los especialistas en fertilidad, Panos Zavos, y el científico Severino Antinori, de que están listos para clonar al primer ser humano. La controversia sobre la clonación con células humanas, que hasta ahora se limitaba al uso de embriones para la investigación, ha dado un paso adelante y ya se contempla la posibilidad de llevar a acabo un embarazo con uno de esos embriones.

Ian Wilmut, el científico del Instituto Roslin de Edimburgo (Escocia) que anunció la clonación de la oveja Dolly, es uno de los muchos que han criticado el intento de clonar seres humanos con la tecnología actual. Panos Zavos y Severino Antinori, quien se hizo famoso por ayudar a una mujer de 62 años a quedar embarazada, dijeron que pronto anunciarán el país y las circunstancias en las que se llevaran a cabo la primera clonación de un ser humano y aseguraron que tienen cientos de solicitudes de parejas para someterse a la prueba.

Pero la mayor parte de los científicos que han participado en clonación de animales realizadas hasta ahora reconocen que por cada intento conseguido hay detrás miles de fallos, abortos y deformidades.

Wilmut confirmó numerosos fallos en ovejas que precedieron a Dolly, los científicos de Texas que clonaron un novillo afirman que este contrajo diabetes juvenil de tipo 1, algo inusual en animales, y los científicos de ACT, que intentan la clonación de especies en extinción, como el *"bucardo"* español, perdieron una especie de buey salvaje a las 48 horas de nacer aparentemente sano.

Según algunos expertos en clonación, la clave de los errores está en la misma naturaleza del procedimiento para obtener individuos idénticos, conocidos como *"transferencia nuclear"*. Este proceso que no precisa reproducción sexual, es similar al que se empleó con la oveja Dolly y consiste en transferir la carga de información de una al interior de un óvulo previamente vaciado de su núcleo. Aunque aparentemente el embrión posee toda la información necesaria para formar un nuevo ser una vez implantado en un útero. Algunos científicos consideran que el intento puede acabar en desastre, porque falta información precisa sobre la organización de algunos genes que se encuentran en la cubierta de la célula vaciada.

Las dudas éticas y científicas sobre la aplicación de la clonación en seres humanos han llevado a prohibir su intento en Estados Unidos y en países como Francia y España.

Gran Bretaña defiende la clonación de embriones humanos, pero solo con fines terapéuticos con el logro de órganos que no serían rechazados por el cuerpo humano.

Después de obtener las células que puedan salvar otras vidas, los embriones serían destruidos, afirmaron los investigadores británicos.

En Estados Unidos, no se retiraron los fondos públicos, en lugar de eso dijeron, si alguien intenta clonar un ser humano, nada se puede hacer contra un científico que intente promover la clonación de un niño.

La clonación de tener éxito, puede devolver a unos padres un hijo muy parecido al que perdieron, o volver a dar a alguien muy similar a un ser querido que ha muerto. *Pese a que compartan los mismos genes, ni siquiera la clonación puede garantizar que dos seres humanos sean idénticos, por la influencia del entorno y también por misteriosos mecanismos fisiológicos que aun no estamos en condiciones de entender.*

La pregunta de los científicos es la siguiente: Si la clonación de un ser humano fracasa, ¿Quién será responsable de los monstruos humanos que se van a crear en el proceso? Esa pregunta se hizo a base de las deformidades que se han observado en los animales que se han creado por medio de la ingeniería genética.

MITO O REALIDAD.
El científico italiano Antinori dice haber clonado el primer ser humano

El científico italiano Severino Antinori asegura haber clonado por fin al primer ser humano. El polémico y discutido medico, experto mundial en clonación, dio este anuncio revolucionario durante un congreso de ingeniería genética en los Emiratos Árabes Unidos. En este congreso dijo que una mujer, residente de Dubai, ciudad árabe; está esperando un hijo desde hace ocho semanas. Además agregó, que son miles las parejas estériles que desean participar de esta nueva tecnología.

Esta es la noticia que el mundo teme desde hace algunos años.

Antinori proclamó el año pasado que en Noviembre comenzaría sus experimentos para clonar seres humanos, ese anuncio fue dado aproximadamente a fines del año 2000. Para esta fecha del año 2019 pueda que tenga los resultados deseados, porque conocemos el insaciable deseo de poder que existe en la raza humana. Es muy probable que ya existan clones caminando en las calles de nuestra ciudad.

El método es conocido, porque Antinori lo ha explicado decenas de veces: trasladar DNA de núcleos de células vivas del padre a un ovulo femenino, crear de ésta manera un embrión humano e implantarlo en el útero de la mujer.

EVA. LA PRIMERA NIÑA CLONADA

La científica francesa y dirigente de la secta de los realianos, Brigitte Boisselier, anunció públicamente el viernes 28 de Diciembre del año 2002, en la ciudad de Hollyvood Beach Florida, el nacimiento de la bebé Eva por medio de la técnica de clonación, y anticipó que la semana próxima se producirá otro nacimiento similar en Europa.

El ex-presidente estadounidense George W Bush, se dijo "consternado por la noticia, la santa sede pidió defender a la humanidad de este fenómeno, Francia pidió normas internacionales que impidan este proceso y México considerará la prohibición en su territorio. El secretario de la organización de las Naciones Unidas (ONU) "no enviará flores", según su portavoz, el cual señaló que, "en ausencia de datos científicos, este anuncio no puede ser automáticamente aceptado como un hecho. Nadie puede esperar que el secretario general envíe flores".[10]

El bebé es una niña de 3.1 kg que vino al mundo el jueves a las 11:55 de la mañana, hora local de su país, dijo Boisselier en una conferencia de prensa celebrada en la ciudad de Miami, pero no precisó el lugar del nacimiento.

---
10 LA OPINION. Primera clonación EVA primera plana y pagina 6ª. 12/28/2002

Solo se limitó a decir que los padres son un matrimonio que reside en Estados Unidos. La madre tiene 31 años, fue ella quien fue clonada y quien llevó en su vientre al bebé, dijo la científica de 46 años quien tomó la dirección de Clonaid en 1997, una compañía especializada en clonación con sede en Las Vegas; Nevada.

La secta de los realianos fue creada en 1975 por un ex periodista francés, Claude Vorilhon, quien reside en Québec y se hace llamar así mismo Rael, *"el mensajero"* Vorilhon quien afirma ser un profeta al estilo de Moisés o Mahoma, pregona una interpretación científica de la Biblia.

Rael dice que la tierra fue creada por extraterrestres (los Elohim del Génesis) que llegaron en platillos voladores hace 25 mil años y que los seres humanos son una clonación de ellos. Según Rael la clonación permitirá a la humanidad que un día alcance la vida eterna al permitir la renovación frecuente de su cobertura corporal.

La científica aceptó que el periodista independiente estadounidense Michael Guillen, quien trabajó para la cadena de televisión ABC, junto a expertos de reputación indiscutida realicen exámenes de ácido desoxirribonucleico (ADN a la niña y a su madre para verificar que son idénticas. El resultado de las pruebas estará disponible según la científica en 10 días. Guillen, que estaba presente en la conferencia de prensa aceptó llevar a cabo las pruebas con ayuda de científicos independientes y con la condición de disponer de toda libertad para proceder a la verificación.

La célula adulta para esta clonación provino de la piel de la madre. El procedimiento es similar al utilizado para la oveja Dolly, clonada en 1997.

Este anuncio del nacimiento de un primer bebé clonado, aunque no fue confirmado científicamente, constituye una formidable publicidad a nivel planetario para los realianos, cuyas obsesiones por la clonación, los extraterrestres y el amor libre eran vistas hasta hoy más bien con incredulidad.

La secta fundada en 1975 por el francés Claude Vorilhon, que trasladó su oficina general a Québec en los años 90, asegura que tiene 55 mil adeptos en varios países, 6 mil de ellos en Japón. Por supuesto que son cifras sin verificar.

Rael (Claude Vorilhon) dice que cuando subió al volcán en la región de Auvergne, se le presentó un hombre extraterrestre que le dijo que él era Yahveh (el nombre de Dios en Hebreo) y que los demás llamados Elohim eran científicamente mas avanzados en tecnología, quienes gracias a la clonación pueden vivir mas de 10.000 años. Además agregó que ellos vinieron de su planeta para decirle que todos los seres humanos descienden de clones de los Elohim que fueron dejados aquí en el planeta tierra hace 25.000 años y que de hoy en adelante él (Claude Vorilhon), sería su profeta en la tierra y que se lla

¿TENDRÁ ALMA UN SER HUMANO CLONADO?

Esta es la pregunta que multitudes de personas se hacen a diario, es la pregunta más importante relacionada al tema de la clonación y a la humanidad. *¿Puede un ser humano que ha sido creado por medio de la ingeniería genética, o la clonación tener alma?*

En la tradición moral religiosa se encuentra la creencia absoluta y la convicción de que los seres humanos están hechos de manera singular, *o sea; a la imagen y semejanza de Dios*. Es precisamente esto (*imagen y semejanza*), lo que distingue al hombre de los animales.

Y dijo Dios: Hagamos al hombre a nuestra imagen, conforme a nuestra semejanza; y señoree en los peces del mar, y en las aves de los cielos, y en las bestias, y en toda la tierra, y en todo animal que se arrastra sobre la tierra.

Y crió Dios al hombre a su imagen, a imagen de Dios lo crió; varón y hembra los crió. Génesis 1:26-27

Entonces Jehová Dios formó al hombre del polvo de la tierra, y sopló en su nariz aliento de vida, y fue el hombre un ser viviente. Génesis 2:7 (RV 1960)

Formó, pues, Jehová Dios al hombre del polvo de la tierra, y alentó en su nariz soplo de vida; y fue el hombre en alma viviente. Génesis 2:7 (RV. *versión antigua*).

El aliento de vida que Dios sopló, se convirtió en el espíritu cuando tuvo contacto con el cuerpo del hombre, fue aquí, en este momento cuando tuvo origen el alma. Por esta razón es que Dios dijo que Adán se había convertido en un <*ser o alma viviente*>.

El espíritu que Dios sopló fue el principio de vida de Adán, esto nos recuerda lo que dijo el señor Jesús en Juan 6:63 "el espíritu es el que da vida,…". Esto también nos dice que el espíritu de vida viene de Dios. Job dijo: "El espíritu de Dios me hizo, y el soplo del Omnipotente me dio vida. Job 33:4.

La Biblia dice que Dios formó al hombre del polvo de la tierra dando referencia al cuerpo, pero que también sopló aliento de vida en su nariz, lo cual se refiere al espíritu que Dios puso en Adán, y cuando el hombre se convirtió en un ser viviente, se refiere al alma, y cuando el espíritu entró en contacto con el armazón de barro, Adán quedó convertido en un hombre consciente de si mismo.

Y el Dios de paz os santifique en todo; para que vuestro espíritu y alma y cuerpo sea guardado entero sin represión para la venida de nuestro Señor Jesucristo. Fiel es el que os ha llamado; el cual también lo hará. 1 Ts. 5:23-24

Estamos en lo correcto al decir que el ser humano es alma y espíritu, creados a imagen y semejanza de Dios. Aunque separados por una naturaleza pecaminosa que se expresa así misma en rebelión contra el Creador, egoísmo y exaltación personal, Dios nos busca mediante el sacrificio expiatorio de Jesucristo. De modo que debemos preguntarnos si ama igual al hombre que ha sido concebido de forma natural, de la unión de hombre y una mujer, que a aquel que ha sido creado por medio de la ciencia o ingeniería genética, o sea forma asexual.

Es urgente e importante que la sociedad piense, si los clones están en el orden de la creación de Dios. No podemos darnos el lujo de ser atrapados sin estar preparados cuando suceda la clonación.

La palabra hebrea para "ser viviente" es *nefesh*, que también se utiliza en otros pasajes del Antiguo Testamento con el significado del principio de la vida esencial para la existencia de animales y seres humanos. Una segunda interpretación es que Dios sopló aliento de vida únicamente al hombre en un espíritu eterno, que los animales no poseen, pero que ordenó: "Produzca la tierra" en referencia a los animales mismos.

Esta segunda interpretación parece más convincente. Dios es espíritu, y la vida que sopló en el aliento a Adán fue vida espiritual.

La Biblia habla muchas veces del espíritu humano. La palabra tiene diferentes significados, pero en general la connotación es que nuestro espíritu es distinto y único entre las criaturas de Dios.

El espíritu es la esencia moral y espiritual que es a la imagen de Dios y no está limitada a la forma física, que regresa al polvo de la tierra al morir. El espíritu es el canal a través del cual Dios tiene comunión con los hombres. Por eso Jesús dijo refiriéndose a la capacidad que tiene el hombre de adorar y buscar a su creador: *"Dios es espíritu; y los que le adoran, en espíritu y en verdad es necesario que le adoren"* (Juan 4:24). Ningún animal tiene esta capacidad espiritual que tiene el ser humano de conocer y adorar a Dios. Volvamos a la misma pregunta **¿Puede una persona clonada genéticamente a la imagen de otra persona tener la misma reverencia hacia Dios, que cualquier otra persona creada de forma natural?** Si echamos un vistazo a nuestro estilo de vida actualmente, nos daremos cuenta que el crimen ha aumentado en los últimos años, las cárceles están repletas de gente que ha cometido todo tipo de crímenes como robo a mano armada, asesinatos premeditados a seres humanos de todas las edades, jóvenes, adultos atrapados en la drogadicción, en las pandillas; el aborto en las mujeres y jovencitas ha aumentado drásticamente en los últimos años. Debemos también mencionar la homosexualidad, el lesbianismo, y la pornografía Además podemos observar las tantas nuevas religiones que han surgido últimamente con el fan de buscar a Dios, pero la mayor parte de estas religiones carecen de un carácter moral ético cristiano que le de gloria y honra al Creador.

¡Y que de las muchas iglesias satánicas que tienen centenares de adeptos que rechazan completamente la gracia y el amor de Dios! Por supuesto, esto no es todo; existen muchas otras cosas en las que el ser humano se inclina perdiendo toda sensibilidad hacia la adoración a Dios, que si no fuera por la misericordia de Dios, nunca abandonarían ese estilo de vida.

Estas son algunas de las cosas que los hombres que han sido engendrados de forma natural o sexual prefieren hacer antes que adorar a Dios.

Veamos a través de las escrituras esta interesante pregunta. En Eclesiastés 11:5 dice: *Como tú no comprendes como entra el espíritu en los huesos en el vientre de la mujer en cinta, así no comprenderás la obra de Dios, quien hace todas las cosas.* RVA.

En Malaquías 2:15 dice: *¿No hizo él uno, habiendo en él abundancia de espíritu?* También en Ezequiel 37:5 dice: *Así ha dicho Jehová el Señor a estos huesos: He aquí, yo hago entrar espíritu en vosotros, y viviréis.*

El doctor Thomas Monroe, ginecólogo y obstetra y líder presbiteriano de chattanooga, y otros; **Creen que el alma se otorga cuando el huevo fertilizado se ha deslizado por el oviducto materno, y se desarrolla en un embrión o (blastocito) e implantado en la pared del útero.**

Si esto es así, los clones o personas que son creados asexualmente por medio de la ciencia, tienen alma o espíritu como lo hemos visto a luz de las Sagradas Escrituras, y por lo que dice el doctor Monroe.

En el siguiente tema explicaré un poco más sobre el alma en un ser clonado y cómo es que Dios no sopló espíritu en Eva.

LA CLONACIÓN EN GENESIS 2:21-22

Entonces Jehová Dios hizo caer sueño profundo sobre Adán, y mientras este dormía, tomó una de sus costillas, y serró la carne en su lugar. Y de la costilla que Jehová Dios tomó del hombre, hizo una mujer y la trajo al hombre. (Génesis 2:21-22)

Muchas veces me hice esta pregunta cuando era un adolescente: *¿Cómo puede ser posible que Dios haya creado una mujer a partir de la costilla de un hombre?* Pero llegaba a la conclusión de decir, bueno al fin y al cabo Dios es soberano y él puede hacer una mujer de una costilla, como la puede hacer del polvo de la tierra como lo hizo con Adán. Esta es una pregunta que no solo pasó por mi mente, sino también por la mente de muchas otras personas. Pero en la actualidad, es muy diferente, ahora el mundo entero se ha dado cuenta que lo que la Biblia relata sobre la creación del ser humano, no era, ni es una fábula; sino algo real.

El mundo entero esta siendo estremecido por las nuevas técnicas sobre la ingeniería genética, y ahora no saben qué hacer en relación al tema que hoy estamos tratando sobre "La clonación Humana".

Lamentablemente no todos reconocerán que este fue el método (no sexual) que usó Dios para reproducir la primera persona en la historia de la humanidad.

Aun así, habrán algunos que digan; que a lo mejor los escritos del génesis son recientes. Pero, para ello solo se deben mencionar, algunas de las Biblias fechadas anteriormente al descubrimiento de estos nuevos avances tecnológicos. Algunas de ellas son: La Septuaginta fue escrita y publicada en los años 250 al 132 a.c. Luego la Vulgata Latina de san Jerónimo fechada entre el año 302 a 404 d.c. Debemos también mencionar la Biblia de Casiodoro de Reina fechada en 1569.

Además existen pruebas arqueológicas sobre los manuscritos antiguos que fueron descubiertos y fechados como tales científicamente. En ellos se relata el método de Dios, tomando de Adán un hueso para crear a Eva, luego Adán diría: *"Esta es ahora hueso de mis huesos, y carne de mi carne"*

En el hebreo original la palabra hueso se traduce también como sustancia, en otras palabras Adán podría haber dicho: *"Esta es sustancia de mi sustancia y carne de mi carne"*. Ahora pasando este término a la ciencia de la genética reproductiva asexual de hoy día, es lo que se sabe como una copia de organismos idénticos, "un clon a la perfección".

En Eclesiastés 11:5 dice: Como tú no comprendes como entra el espíritu en los huesos en el vientre de la mujer en cinta, así no comprenderás la obra de Dios, quien hace todas las cosas. RVA.

En Malaquías 2:15 dice: *¿No hizo él uno, habiendo en él abundancia de espíritu?*

Tanto Eclesiastés como Malaquías nos dan una importante revelación a este tema. Esta es una importante observación sobre estos versículos, porque vemos que Dios tenia muchos espíritus, sin embargo; sacó de Adán un hueso, por el simple hecho que él era un ser completo. **Cuando Dios creó a Eva, no dice la Escritura que sopló espíritu en ella, simplemente porque en el hueso que Dios tomó de Adán ya había espíritu.**

De acuerdo a la ciencia, las "células madre" se pueden encontrar en dos partes del cuerpo: En el cordón umbilical del recién nacido y en la medula ósea de huesos largos y costillas, lo cual corrobora absolutamente lo que relata las Sagradas Escrituras.

Escritos que fueron redactados hace miles de años, que probablemente no se comprendía a totalidad que somos formados de tal manera, que solamente; de algunas de nuestras células, se pueden obtener las famosas "células madre" o "células troncales", de las cuales se puede formar a otro ser humano.

La técnica de la clonación que utiliza "células madre" para crear otro individuo, no es algo nuevo. Dios fue el primero que usó esta técnica a la perfección para formar una mujer a partir del único hombre que existía y que él mismo había creado.

Eva fue creada de la misma constitución que Adán, de su misma sustancia; para el propósito que Dios buscaba que fueran "una sola carne", "sustancia de mis sustancia" o sea; "hueso de mis huesos" para cuando se unieran en matrimonio, y después concibieran los hijos como hoy día conocemos sexualmente de un hombre y una mujer.

Si esto es así, Dios ama lo mismo a un ser creado sexualmente que a un clon creado asexualmente.

Creo que los científicos lograrán muy pronto crear un ser humano perfectamente por medio de esta nueva ciencia.

En el lenguaje genético XY se refiere al hombre y cuando habla de una mujer es XX. Es por eso que hasta hoy, hemos podido ver qué solo se han podido crear copias iguales de un mismo progenitor. O sea un hombre de un hombre y una mujer de una mujer.

La ciencia va aumentado tan rápido, que de la misma manera que nos han sorprendido con estos nuevos avances tecnológicos, también lo harán cuando nos digan que han perfeccionado esta nueva técnica de ingeniería genética hasta el punto que puedan eliminar o agregar los cromosomas X o Y en la mujer o en el hombre.

Para Dios, eso no fue un problema, probablemente esa fue la mínima reconstrucción genética que hizo al crear a Eva del hueso de Adán.

La Biblia dice que somos creados a imagen y semejanza de Dios. Eso es una referencia a Adán y a Eva, como a todos y cada uno de nosotros que hemos sido creados de forma natural, sexualmente, aunque Eva fue creada de forma asexual.

Si esto es así, los clones humanos no llevarían la imagen de su progenitor, sino la imagen de Dios.

YUKA. MAMUT CONGELADO DE 28,000 AÑOS

La extinción es un desafío enorme para la ciencia y la tecnología de la clonación y no esta claro si el ADN de los dinosaurios podrá algún día llegar a recuperarse, lo mas probable es que nunca se recupere porque la tecnología actual solo es útil por aproximadamente un millón de anos y los dinosaurios desaparecieron hace aproximadamente unos 65 millones de años. Aunque se ha anunciado el hallazgo de ADN de dinosaurio, seria imposible reconstruir genomas enteros si las muestras de ADN se encuentran fragmentadas. Y como dice Iam Wilmut en su libro "La Segunda Creación",

> La proeza exigiría una técnica inalcanzable porque desafiaría las reglas de la lógica. Nadie puede recrear animales a partir de un ADN que no existe, sean cuales fueren sus conocimientos y destrezas. Pero el objetivo mas modesto - reducir la perdida de variación genética por obra de la deriva - podría ser acometido de inmediato. Los directores de los zoológicos de todo el mundo deberían preocuparse de realizar biopsias de todos sus animales. Muchos de los genes que esos seres contiene han desaparecido ya en la naturaleza o pronto se extinguirán.[11]

---

11 La Segunda Clonación. Wilmut Iam, Cambell Keith, Tudge Colin. Impreso por Pureza. P.297-298. edición 2000

Ahora mismo se encuentran diferentes grupos científicos trabajando desde varios años tratando de traer de nuevo a la vida al mamut, esa fantástica especie de la Edad de Hielo que se extinguió hace unos 10,000 años. El ultimo avance es estos experimentos científicos lo ha llevado acabo un equipo japonés haber logrado *signos de actividad biológica* al transplantar los núcleos celulares de tejidos de mamut en ovocitos de ratón. Es probable que la clonación de estos animales no pueda llevarse acabo pronto. Los investigadores de la Universidad de Kindai en Osaka extrajeron la medula ósea y el tejido muscular de los restos de un mamut lanudo con el nombre de "Yuka", una cría de 2 años y medio que murió probablemente atacada por felinos y destripada después por seres humanos. Los restos que quedaron, permanecieron congelados en el permafrost de Siberia, cerca de las costas del Océano Artico, durante mas de 28.000 años, permanecieron completos y bien conservados.

El ejemplar contiene un pelaje de color rojizo y se hizo muy famoso al ser exhibido en Japón y ser objeto de un documental de la BBC y Discovery.

Los investigadores comprobaron la autenticidad de las muestras de tejido extraídas de "Yuka" mediante técnicas de secuenciación de todo el genoma. Después inyectaron los núcleos celulares menos dañados de tejido muscular del mamut en decenas de ovocitos de ratones vivos mediante transferencia nuclear. De ellos, cinco mostraron signos de actividades biológicas que ocurren justo antes de que comience la división celular. A pesar de todo, ninguno de ellos produjo la anhelada división celular real para un renacimiento de mamut.

Uno de los autores del estudio Kei Miyamoto dijo que a pesar de los años que han pasado, la actividad celular aun puede ocurrir y partes de ella puede recrearse. Eso indica, que a pesar de los años que han pasado, puede ocurrir la actividad celular y partes de ellas pueden recrearse. Los investigadores encontraron también posibles signos de reparación del ADN del mamut. Según dijeron a la revista

Japonesa <<Nikkei>>, estos trabajos suponen un paso significativo para que los mamuts regresen de la muerte.

El equipo japonés colabora con científicos rusos que intentan volver a la vida a un mamut lanudo, o por lo menos obtener una quimera, usando la técnica de transferencia nuclear de células somáticas. Usarán el sistema conocido insertando el materia genético de un mamut que vivió hace miles de años en las células de una elefanta actual.

Las especies antiguas contienen información invaluable sobre las bases genéticas de la evolución adaptiva y los factores relacionados con la extinción. Quizás dentro de unos años estos trabajos permitan que el mamut lanudo vuelva a caminar por el planeta, pero no ocurrirá mañana. Aunque el paso es importante, aun no hemos visto divisiones celulares, dicen los autores de su estudio.

POTRO CONGELADO DE 42,000 AÑOS

Un potro de Lena de 42,000 años fue descubierto el año pasado en el permafrost siberiano contenía una gran sorpresa: sangre liquida, la mas antigua jamas registrada. El potro congelado fue encontrado en agosto del 2017 en el cráter Batagaika, en Siberia oriental. Según, el potro tenía una o dos semanas de edad cuando murió y medía menos de un metro. La causa del fallecimiento fue el ahogamiento: cayó en el lodo y no pudo salir.

Sorprendentemente, el cadáver conserva la piel y el cabello y no solo eso, sino parte de la sangre. Los investigadores aseguran haber encontrado orina bien conservada en su vejiga. Sin embargo la mayor sorpresa fue haber encontrado el plasma sanguíneo, ya que normalmente se coagula o se convierte en polvo incluso en las muestras mejor conservadas, ya que los líquidos se evaporan gradualmente cuando pasan miles de años, explican los investigadores.

Según Semyon Grigoriev y su equipo del Museo de Mamuts de la Universidad Federal del Noreste de Yakutsk (Rusia), el potro podría revelar mucha historia sobre el pleistoceno en Siberia, gracias al estudio no solo de la sangre, sino de bioquímica de la orina conservada, el contenido intestinal y los órganos. De la misma forma, el permafrost en el que estaba encerrado el cadáver dará muchas pistas sobre el suelo y la vegetación del área hace miles de años, cuando no estaba congelado de forma perenne.

Gregoriev y su equipo son famosos por su intención de clonar a un mamut que encontraron antes que el potro, cabe hacer la pregunta: piensan hacer lo mismo con el potro. La sangre extraída no puede ayudar a revivir una animal de la Edad de Hielo, porque los glóbulos rojos no contienen núcleos, por tal razón no tienen ADN.

Razón por lo cual, los investigadores deben buscar otra vía, como las células musculares o los órganos internos, aunque encontrar ADN representa un gran desafío para ellos porque las células comienzan a degradarse después de la muerte, aunque se conserve en buenas condiciones como en el permafrost.

Hasta ahora, el equipo de investigadores no ha podido encontrar células intactas. Pero afirman que continuaran intentando encontrarlas con la ayuda del polémico CEO de Sooam Biotech en Corea del Sur. Hwang Woo-suk, quien fue declarado culpable en 2009 de malversación y violaciones bioéticas después de experimentar con células madre humanas con el fin de clonar seres humanos.

CLONES IDENTICOS PERO DIFERENTES

Dice Ian Wilmut que en ocasiones, un embrión se escinde en el útero y cada mitad se desarrolla hasta constituir un nuevo individuo. Fisicamente hablando, analizados molécula a molécula, los gemelos idénticos creados de esta manera natural parecen en realidad tan iguales como es posible que sean. Por lo menos, la dotación de genes de cada nuevo individuo es un facsímil de los genes del otro y aunque el citoplasma no se haya duplicado de modo exacto, por lo menos en un primer momento, la composición de los dos citoplasmas cualitativamente idéntica.

Existen casos, en que las semejanzas entre gemelos resultan asombrosas, hay casos clásicos de gemelos separados al nacer que, comparados después de muchos años, se sabe que visten igual, tienen las mismas afecciones, se casan con mujeres similares, etc. Existen gemelos idénticos criados juntos que piensan de manera tan semejante que cada uno es capaz de terminar las frases que ha iniciado el otro. A muchos gemelos les irritan estos ejemplos clásicos y los califican como simples clichés. Ellos prefieren recalcar sus diferencias, y los contrastes —habida cuenta de la subyacente semejanza genética— pueden ser también sorprendentes. Las razones son varias para que asi suceda.

Primero, los genes no se muestran tan constantes como imaginamos. Mutan. El cuerpo de las personas contienen probablemente centenares de genes mutados. Un analista concienzudo que examinara todas las células de cuerpo (y los gametos) de dos gemelos humanos idénticos encontrará sin duda, y a medida que envejecen crecientes diferencias genéticas, causadas por esas constantes mutaciones. En la practica, esa observación puede ser un pequeño significado porque la mayoría de mutaciones genéticas tienen un efecto escasamente perceptible o prácticamente nulo en el fenotipo. Es probable que la naturaleza pretenda producir una duplicación genética exacta cada vez que una célula se divide, pero la perfección absoluta resultaría inalcanzable.

El científico Ian Wilmut dice:

> Los genes operan en diálogo contante con su entorno. El ADN está inmerso en el núcleo; que a la vez está rodeado por el citoplasma de la célula; que a su vez se mantiene en contacto con el resto de células del organismo; que a su vez es acosado por el mundo en general, primero en el útero y luego en el medio ambiente. El entorno afecta a la expresión genética. Por simples razones de física, dos entidades no pueden hallarse exactamente en el mismo lugar al mismo tiempo. Los gemelos idénticos compartirán un útero, pero no comparten el mismo lugar de este y, muchos contextos y en diversas especies, hay pruebas de que las diferencias de localización pueden afectar al desarrollo. Es posible que los dos bebes gemelos compartan una cuna: pero ocuparan distintos lados, con lo cual su visión y su experiencia del mundo serán ligeramente distintas.
>
> Ligeramente quizá, pero tal vez lo suficiente como para determinar una diferencia que afecta la expresión génica. Davor Solter,

mencionado en diversas ocaciones a lo largo de este libro, señaló en Nature (en el artículo de 1998 que siguió al nacimiento de los ratones clonados en Hawai) que si bien dos seres clonados pueden tener genomas idénticos quizá expresen genes diferentes: y en tanto que expresan genes distintos, genéticamente tendrán diferencias funcionales.

Es ademas probable que aumenten las diferencias genéticas a medida que los individuos clonados se desarrollen, pues que un gen que entra en acción en un momento determinado (o que no consigue entrar en acción) afectará a la expresión de otros que hayan de intervenir mas tarde. Por dos razones pues —mutación recurrente y expresión variable —incluso dos gemelos idénticos, formados por la escisión de embrión, pueden ser genéticamente diferentes, de una manera física y quizá funcional. Es posible que las diferencias resulten ligeras, pero pueden ser sin embargo obvias.

En resumen, pues, los genes establecen las reglas del juego pero al final nuestra crianza y la experiencia nos hacen lo que somos.[12]

---

12 La Segunda Creación. Wilmut Ian. Cambell Keith. Tudge Colin. Impreso por Pureza. P.325-236,328. edición 2000

¿POR QUE CLONAR SERES HUMANOS?

En el Convenio de Oviedo, un tratado fundamental en el ámbito de la investigación biomédica, establece que "el interés y el bienestar del ser humano deberán prevalecer sobre el interés exclusivo de la sociedad o de la ciencia". Los científicos no podrían experimentar sobre clonación humana si no se demuestra que el interés y la protección de la persona esta por encima de cualquier otro propósito. El acuerdo señala asi, el principio de la dignidad humana, y que sirve como garantía de los derechos y las libertades individuales.

En enero de 1998, el doctor Richard Seed, que se educó en Hardvard como físico (no como medico), lanzaó una campana a favor de la clonación del ser humano. Carecía de fondos, de un laboratorio adecuado y de la pericia oportuna. Aunque su gran plan fue jaleado de la primera pagina de muchos periódicos, Alexander Morgan Capron, profesor de derechos y medicinas en la Universidad de California del Sur y miembro de La National Bioethics Advisory Commissión, observó un talento jocosamente que <<correspondía a la sección de espectáculos>>. En el momento que escribo estas lineas — avanzado ya 1999 — el doctor Seed sigue prometiendo clonar un ser humano hacia finales del siglo. En cierta ocasión pensó clonarse asi mismo pero más tarde, para no ser acusado de egoísmo, decidió clonar a su esposa.

Por desgracia, el doctor Seed no está solo en su entusiasmo aunque la idea de la clonación humana repele a la mayoría de los comentaristas, unos cuantos significativos le ha dado una buena acogida, y básicamente por cuatro tipos de razones. Algunos simplemente les agradaría copiarse asi mismos. Otros tratan de recrear seres queridos ya desaparecidos. Varios han sugerido que deberíamos clonar a individuos sobrenaturales; Mozart, Einstein, Ghandi, Michael Jordan y Marilyn Monroe han figurado entre los propuestos.[13]

¿Porque quieren las personas clonarse asi mismos? No todos expresan sus razones, pero Richard Dawkins, manifestó ese deseo en su texto "¿Qué tiene de malo la clonación? Dice: mi opinión se basa en la pura curiosidad." Otros podrían ser impulsados por aumentar su propia influencia. Existen sugerencias de que algunos dictadores desearan clonarse, asi como Ira Levin mostró en Los Niños de Brasil. Es probable que algunas personas deseen clonarse simplemente por vanidad, y otros porque creen que al clonarse alcanzaran algún tipo de inmortalidad. Volvamos a la película de Los Niños de Brasil, ya sabemos que la intensión era clonar pequeños Hitlers. La película fue estrenada en 1978 basada en la novela escrita por Ira Levin en 1976. La segunda guerra mundial duró desde 1939 a 1945. Estamos en el siglo XXI, ya han pasado aproximadamente 80 años desde que Adolf Hitler se convirtió en dictador, ademas las circunstancias que lo llevaron al poder son cosas del pasado, las circunstancias son diferentes en la actualidad y podrían ser mas diferentes para cuando esta tec-

---

13 <u>La Segunda Clonacion</u>. Iam Wilmut, Cambell Keith, Tudge Colin. Impreso por Pureza. P.330-331. edición 2000

nología de la clonación este cien por ciento probada científicamente para clonar personas. Según científicos de la clonación genética ya existen candidatos para ser clonados.

La ciencia de la clonación a logrado grandes avances, tanto que han logrado clonar una gran cantidad de diferentes animales incluyendo a la famosa oveja Dolly, ahora mismo (viernes 24 de julio) estaba leyendo un articulo en la redes sociales de que han clonado en embrión humano y que se encuentra en la etapa de blastocito, los responsables de este avance científico son el equipo de la Universidad de Salud y Ciencia de Oregon. Este embrión clonado en etapa de blastocito -unas 150 células- que según ellos es suficiente para brindar una fuente de células madre embrionarias.

El doctor Shoukhrat dijo que un examen exhaustivo de las células madre derivadas de esta técnica ha demostrado su capacidad de convertirse, como las células madres embrionarias normales, en varios tipos de diferentes células, incluyendo nerviosas, hepáticas y cardiacas.

Chris Mason, profesor de medicina regenerativa en la Escuela Universitaria de Londres, indicó que esto parece haber dado en el blanco. En realidad han hecho lo mismo que los hermanos Wright, quienes inventaron el primer aeroplano y desde entonces hemos visto una gran cantidad de diferentes aeronaves que surcan los aires de todo el mundo.

Si esto es así, muy pronto seremos sorprendidos por medio de todos los medios de comunicación de que la tecnología de **la clonación ha alcanzado su mayor etapa** y que está lista para todos aquellos que deseen clonarse así mismos o clonar a cualquier ser querido.

Como hemos expuesto en paginas anteriores, existe la controversia ética sobre la clonación. El doctor David King, del grupo activista Human Genetic Alert, dijo: "Los científicos finalmente lograron el nacimiento del bebé que los aspirantes a clonadores humanos han estado esperando: Un método para crear con confianza embriones humanos clonados".

Y continua diciendo: es imperativo crear una prohibición legal internacional a la clonación humana antes de que haya mas investigaciones como ésta. Es extremadamente irresponsable haber publicado este estudio. Creo que la mayor prueba para los científicos en esta tecnología genética van hacer las nuevas leyes que se crearán para prohibir clonar personas, pero entonces, estas ciencias y tecnologías solo quedaran a la disposición de la gente de influencia, poderosa y adinerada que tienen los medios para hacer lo que quieren sin que las leyes se lo prohiban. Pero creo, que de alguna forma, las leyes permitirán la clonación humana cuando existan pruebas que indiquen una necesidad extrema. No se pueden crear leyes en contra de una ciencia y una tecnología sin una prueba concreta de que existen riesgos o daños físicos como también psicológicos a una persona que ha sido clonada, estos y otros argumentos están en contra de la clonación de seres humanos.

Los que rechazan la clonación humana diciendo que existen riesgos o daños a la persona que ha sido clonada, argumentan que esa técnica no puede ser permitida porque no ha probado su seguridad. Dicen que el procedimiento que se utilizó para crear a la oveja Dolly se necesitaron 277 intentos para poder ver los resultados deseados. Para poder probar la necedad de prohibir la clonación humana en base a ese argumento, sería necesario asumir que es incorrecto e inmoral tratar de clonar personas a menos que se pueda garantizar que el primer bebe creado por medio de esta tecnología pudiera nacer completamente sano. Esta exigencia sugiere que la experimentación con seres humanos es inmoral sin su consentimiento. Este argumento, aunque tiene méritos concedidos por algunos críticos no puede sustentar la prohibición total de la clonación de personas por medio de esta tecnología. En estos momentos no se puede dar un consentimiento en base a una información inadecuada sobre riesgos y beneficios de clonar personas, simplemente porque se desconoce tal información. Los estudios y clonaciones sobre animales, aunque han sorprendido al mundo entero muestran qué intentar clonar humanos por medio de esta tecnología, no es seguro. Claro está, que la falta de información o la información inadecuada, siempre tiende a entorpecer de otorgar un consentimiento informado para aplicar esta ciencia y tecnología. Puede ser que en algún momento, se obtenga la información suficiente, adecuada y correcta para dar un consentimiento informado, entonces, este argumento en contra de la clonación solo sería un argumento que defiende la precaución. En estos momentos dado el escaso conocimiento que tenemos sobre esta tecnología, la mayor parte de las personas creerían que es inmoral clonar seres humanos.

Y qué, de los que piensan que la clonación humana no puede ser permitida por los daños psicológicos que pueden causar a la persona creada por medio de esta nueva tecnología. Estos críticos sugieren que los daños psicológicos pueden radicar en la posible perdida del sentido de la individualidad o de identidad personal. Este argumento presupone que la identidad humana está determinada por la singularidad de nuestro genoma. De acuerdo a esta teoría, la dotación genética de una persona determina completamente lo que la persona será. Como dijo el bioquímico estadounidense Walter Gilbert que recibió el premio Nobel que Química en 1980, pronto seremos capaces de tener un CD con el mapa de nuestro genoma y podremos decir mostrando ese CD, "aquí esta un ser humano. Soy yo." Sin embargo, no hay evidencia que apoye esta clase de determinismo genético. El hecho de que características particulares estén presentes en una persona no depende solo de sus genes, sino también de los factores biológicos y ambientales. Asi es que, a pesar de tener prácticamente los mismos genes, los gemelos homocigóticos tienen identidades diferentes y únicas.

Hay quienes que dicen que la clonación humana pueden producir daños sociales. Esta inquietud a estado presente desde el desarrollo de nuevas tecnologías de reproducción como la fertilización en vitro.

Los que defienden este argumento manifiestan que la clonación humana permite tener uno o varios padres o madres, aluden que esta clase de procedimientos amenaza la estabilidad familiar. Este argumento es discutible porque presupone que "la familia" solo se puede entender por la familia nuclear compuesta por el padre, la madre y sis descendientes genéticos. Este argumento asume que el concepto de "familia" es inmutable e invariable. Este argumento es cuestionable debido a la evidencia histórica y antropológica que muestra que los seres humanos han adoptado con éxito diferentes clases de arreglos familiares. Tampoco quiere decir que, el entender la familia como un arreglo caracterizado por relaciones genéticas no tenga ventajas para los seres humanos. Los críticos de la clonación humana sostienen que esta practica puede afectar el respeto por la vida humana. Manifiestan que la clonación permite que los seres humanos se vean cómo reemplazables. El problema con este argumento es que, dicen que los genes determinan la individualidad de la personas. Pero como digo en notas anteriores, no existe evidencia que apoye esta clase de determinismo genético, tampoco quiero decir que se deba poner en practica ahora mismo. Pero, en un tiempo no muy lejano, veremos esta nueva técnica como cualquier otra que ha sobrepasado todos los obstáculos por los que tuvieron que pasar las tecnologías que ahora benefician a la sociedad.

Hablemos también de los que defienden la clonación, ellos dicen que esta nueva tecnología de la clonación humana es la respuesta al problema de la infertilidad, enfermedades genéticas, y por que no, también permitiría a algunas personas clonar a seres queridos que han fallecido, especialmente a niños.

Esta tecnología genética podría ayudar a parejas que carecen de gametos viables. El número de parejas con problemas reproductivos varían de 7 a 12 por ciento en un transcurso de interacción sexual sin protección de aproximadamente de 12 meses. Mientras mayor sea el numero de personas con ese problema de infertilidad, mayor será la necesidad de la clonación, y así, mayor será también la posibilidad de que esta tecnología genética sea aceptada.

Muchas son las enfermedades y disfunciones que afectan a muchas personas en este mundo con recursos limitados, así pues, deberíamos preguntarnos. Que tiene la infertilidad que atrae tanto la atención a médicos, y profesionales de la bioética.

La dificultad de procrear hijos propios resulta estresante y doloroso, este es un caso como muchas otras enfermedades que no reciben la atención adecuada para poder resolverlos.

La clonación humana también puede ayudar contra las enfermedades genéticas y asi los padres podrían ofrecer un legado genético maravilloso. Las parejas con riesgo de transmitir enfermedades genéticas como la fibrosis quística, o la peligrosa enfermedad de Huntington que se debe a alteraciones genéticas que provoca alteraciones de ciertas neuronas cerebrales haciendo que las personas con esa enfermedad no puedan controlar sus movimientos, que se asemejan a un baile que termina desarrollando demencia. La clonación podría ayudar para que los bebés no padezcan esa dolencias. La clonación podría solucionar la mayoría de enfermedades mortales como enfermedades del corazón, cáncer, y otras enfermedades como la ya mencionada del Huntington, distrofia muscular, y anemia falciforme que pueden ser causas genéticas. Si estas enfermedades fueren tomadas como base para aceptar la clonación humana, la misma podría salvar un sin fin de personas.

CONCLUSIÓN

No hay duda que el hombre en su afán de poder, fama y gloria continuará jugando a ser Dios, ayudado de los nuevos avances tecnológicos, podrán dar al mundo entero grandes beneficios, pero también muchos problemas. Por hoy, esta nueva ciencia atenta contra el propósito que Dios estableció sobre la procreación en el núcleo familiar, creado y estructurado por Dios mismo.

La familia como institución formada por Dios, y no por el hombre; está perdiendo su carácter sagrado cada día que pasa. Las estadísticas muestran que los valores del matrimonio ya no son los mismos que años anteriores, y esta nueva técnica de la **"La Clonación Humana"** solo viene a ayudar más a la desintegración de esta institución.

La Biblia dice: Por tanto, como el pecado entró en el mundo por un hombre, y por el pecado la muerte, así la muerte pasó a todos los hombres, por cuanto todos pecaron. (Ro 5.12).

Vemos en el versículo anterior, que el pecado, como una enfermedad contagiosa contaminó a toda la raza humana, implicando transgresión, desviación, rebelión, y pérdida del propósito de Dios.

Y a los hijos de los extranjeros que sigan a Jehová para servirle, y que amen el nombre de Jehová para ser sus siervos; a todos los que guarden el día de reposo para no profanarlo, y abracen mi pacto, yo los llevaré a mi Santo Monte, y los recrearé en mi casa de oración; sus holocaustos y sus sacrificios serán aceptos sobre mi altar; porque mi casa será llamada casa de oración para todos los pueblos. (Isaías. 53:6).

Como está escrito: No hay justo, ni aun uno'… por cuanto todos pecaron, y están destituidos de la gloria de Dios. (Ro. 3:10,23).

La única solución para este pecado universal es la redención por medio de la muerte

Dios hizo "Al que no conoció pecado, por nosotros lo hizo pecado, para que nosotros fuésemos hechos justicia de Dios en él". (2 Co. 5:21).

La clonación humana no puede crear a dos personas idénticas en su personalidad, ni en el alma ni en los sentimientos, solo en la carne. Espiritualmente son distintos, dos personas delante de Dios y para la vida eterna, y por los cuales murió Cristo.

-Fredy Monterroza, PhD.

¿QUÉ ES...?

1. ¿Qué es el genoma?
   Es el conjunto del ADN existente en un ser vivo, entre ellos el humano.

2. ¿Qué es el ADN y que suponen los estudios en este campo, y para que sirven?
   El ADN es una sustancia en la cual se encuentra recogida en forma de código toda la información necesaria para que se desarrollen los seres vivos (plantas, animales, y ser humano). Su conocimiento nos aporta información sobre como nos desarrollamos, como envejecemos y como surgen muchas enfermedades, con lo cual la medicina podrá en un futuro (de echo, ya puede en cierto sentido hacerlo) utilizar esta información para prevenir y tratar enfermedades cuyo origen está en el ADN. Para el ser humano, el ADN debería servir básicamente para mejorar la calidad de vida evitando la enfermedad y procurando un mejor tratamiento de la misma.

3. ¿Qué diferencia hay entre ADN y ARN?
   Bioquímicamente, en un nucleótido (timina en ADN y uracilo y el ARN; ribosa en el ARN y desoxirribosa en el ADN). Funcionalmente, la diferencia es mucho mayor, ya que el ADN contiene la información y los diferentes tipos de ARN la transmiten.

4. ¿Son positivos los avances de la genética?
   Los avances de la genética, en un 90% serán positivos para el conjunto de las personas, pero no dudo que habrá un porcentaje de los casos (podríamos decir de un 10%) en el que por intereses parti-

culares o de grandes corporaciones se usen los avances científicos en el área genética de modo que no repercutan favorablemente en el ser humano (manipulaciones genéticas, bases de datos ilegales, discriminación laboral, y más).

5. ¿Tendía sentimientos un clon humano?

Claro que sí, sería una persona con características idénticas a la persona de la cual ha sido clonado, pero por lo demás sería un ser humano como otro cualquiera. Eso no significa que tengan sentimientos idénticos a la persona de la que procede, ya que su educación, medio y modo de vida pueden hacer que como ser humano sea muy diferente a la persona de la procede. Alguien dijo que la persona es el reflejo de su medio ambiente.

6. El proyecto Genoma Humano cambiará la conceptualización de la medicina

Realmente, el proyecto Genoma Humano no está sino comenzando. Probablemente hasta dentro de ocho o diez años, no se podrá tener datos suficientes para cambiar conceptos médicos como los que existen en la actualidad. Paralelamente, hay que tener en cuenta que el diagnostico genético derivado del conocimiento del genoma lo unico que hará será confirmar los datos clínicos ya conocidos por otros médicos de los que dispone la medicina.

Stephen Hoffman dijo que las vacunas de ADN estarán dentro de diez años y serán más fáciles y baratas que las actuales.

Las llamadas vacunas de ADN son mas especificas y pueden adaptarse prácticamente a cada persona, con lo cual desde el punto de vista medico, su uso es más efectivo y si se quiere llamar así, fácil. Además, dentro de unos años, la producción en cadena de las mismas tendrá técnicamente un costo bajo, aunque habrá que esperar a ver las patentes y derechos de comercialización que se aplican.

7 ¿Es posible la fabricación de manera sintética de proteínas, azucares y lípidos?
Sí, y de hecho se lleva haciendo desde hace mucho tiempo.

8. ¿Qué son los transgénicos?
Son materiales biológicos (plantas, animales) en los que se ha manipulado su ADN (normalmente genes).

9. ¿A qué peligro nos exponemos al consumir transgénicos?
Dependería del tipo de alimentos, de la cantidad que se tome del mismo, del tipo de manipulación genética y del consumo de otros transgénicos. Efectos agudos en el ser humano no hay descritos muchos en la literatura medica, pero a largo plazo (aunque aun se desconoce) se podrían provocar cambios en la flora intestinal que podrían ocasionar infecciones o problemas secundarios de difícil tratamiento. En todo caso, estas son teorías que necesitarían confirmación, puesto que hay científicos que dicen que esto no puede pasar y otros que dicen que sí.

GLOSARIO

ADN: Ácido Desoxirribonucleico.
Es una macromolécula que contiene toda la información sobre las características hereditarias. Tiene una estructura de doble hélice.

ARN: Ácido Ribonucleico.
Es una molécula semejante al ADN que se encarga de llevar la información de ésta (ADN) hasta el citoplasma para que allí se puedan fabricar las proteínas.

AMINOÁCIDO:
Es un elemento constitutivo de las proteínas.

AUTODUPLICACIÓN:
Se conoce también como 'replicación' y es el proceso por el cual el material hereditario de la célula, compuesto por ADN, se reproduce a nivel molecular de manera idéntica a sí mismo.

BIOTECNOLOGÍA:
Es la tecnología que se utiliza para intervenir sobre los seres vivos, sean plantas, animales o personas.

CÉLULA REPRODUCTORA:
Son las células cuya unión da lugar a un nuevo organismo. En la especie humana son el ovulo y el espermatozoide. Tienen 23 cromosomas. También se les llama células germinales.

CÉLULA SOMÁTICA:
Son todas las células del organismo, excepto las reproductoras. Tienen 46 cromosomas.

CLONACIÓN:
Es el proceso para obtener copias idénticas de una célula, cuyas características genéticas se han alterado. También se practica en embriones.

CROMOSOMA:
Es una macromolécula que forma parte de la célula y que se hace visible en el momento de la reproducción. Contiene el ADN.

ENZIMA:
Es la proteína apta para catalizar las reacciones bioquímicas.

GEN:
Es la porción del ADN.

Es un elemento clave en la herencia porque contiene información sobre una determinada característica del individuo, que se hereda de padres a hijos.

GEN DOMINANTE:
Es aquella molécula con información genética que, en una especie concreta, determina la aparición de un rasgo sobre otro que queda oculto.

GENETICA:
Es la ciencia que estudia las leyes de la herencia.

GENOMA HUMANO:
Es el conjunto de genes que hay en el material hereditario del individuo.

GEN RECESIVO:
Es la molécula con información genética que, en una especie concreta. Determina la ocultación de un rasgo ante otro que domina.

HEMOFILIA:
Es la enfermedad causada por la falta de un factor coagulante en la sangre. Se transmite genéticamente y es padecida por los varones, aunque solo las hembras la transmiten.

HIBRIDO:
Es el ser vivo que tiene dos formas diferentes de un mismo gen (por ejemplo, en el gen del color de ojos, tiene un factor determinante del color verde y otro del color azul.) Solo se manifiesta una de las formas.

INGENIERÍA GENÉTICA:
Es la técnica ligada a la biología que estudia las intervenciones sobre el material genético de los seres vivos.

MUTACIÓN:
Es el cambio súbito de tipo genético como consecuencia de la actuación de un agente químico o físico, que se traduce en una modificación del ADN y que favorece, por ejemplo, la adaptación de los seres al medio en que viven.

NUCLEOTIDO:
Es el elemento característico de la cadena de ácidos nucleicos de las células. Está constituido por una base, un átomo de fósforo y un azúcar.

PROTEINA:
Es la molécula esencial en célula que está formada por aminoácidos.

RECOMBINACIÓN DEL ADN:

Se trata de una forma de terapia genética en la que se inserta artificialmente un determinado gen en el interior de un cromosoma o en un fragmento del mismo.

BIBLIOGRAFÍA

BIBLIA. De Referencia Thompson, Reina Valera 1960. Editorial Vida

BIBLIA. De Estudio de la Profecía, Reina Valera Revisada 1960. Editorial Broadman & Holman

BIBLIA. De Estudio Siglo XXI, Reina Valera Actualizada 1909. Editorial Mundo Hispano

BIBLIA. De Estudio Macarthur, Reina Valera 1960. Editorial Portavoz

BIBLIA. De Adoración Nueva Versión Internacional 2001. Editorial Vida

BIBLIA. De Estudio de las América 2000. Por Lockman Foundation. La Habra. CA

BIBLIA. Latinoamérica 1989. Editorial Verbo Divino

BIBLIA. De Jerusalén Revisada y Aumentada 1998. Editorial Desclée de Brouwer

CARADA, GIOVANNI. Los Secretos de la vida. Editorial Editex. 9ª Edición 1999

COLSON, CHUCK. Christian times. Los Ángeles County Edition. Volumen 13, Diciembre 2002

DAFFY, ROSADO. Biología. Editorial Trillas, México. 3ª Edición 1994

DAYLI NEWS. Clon. Saturday, December 28, 2002. Pagina 13

DICCIONARIO. El pequeño LAROUSSE ilustrado. 2004

DICCIONARIO. Nuevo diccionario bíblico ilustrado. Villa Escuain. Editorial Clie 1985

DICCIONARIO. Diccionario Expositivo. W. E. Vine. Editorial Caribe 1999

Dr. LESTER P, LANE / Dr. JAMES C, HEFLEY. La clonación Humana. Editorial Portavoz. 5ª Edición 2000

GILES E, JAMES. Bases Bíblicas de la Ética. Editorial Casa Bautista de Publicaciones. 5ª Edición 2000

INTERNET. Waste magazine. 2005

INTERNET BBC Mundo.com. 2006

LA OPINIÓN. Anuncian clonación Humana. Sábado, Diciembre 28, 2002. Primera Plana, pagina 6A

LOS ANGELES TIMES. Clon. Tuesday, December 04, 2001. Page A20

MARTOS A, JOSE. Genes, Evolución y Herencia. Editorial Edibook, S.A. Primera Edición 1994

PETRANEK L, STEPHEN. Discover magazine. Volume 24, January 2003

STANLEY, DEBBIE. Genetic Engineering. The Cloning Debate. 2000

TORR D, JAMES. Genetic Engineering. Opposing Viewpoints. By Greenhaven Press. USA 2001

WINTER A, PAUL. Cloning. By Greenhaven Press. USA 2001

ABC CIENCIA. Mamut 28,000 años. Marzo 13, 2019

LIVESCI=NCE. 42,000 years old foal. Abril 18, 2019

www.ingramcontent.com/pod-product-compliance
Lightning Source LLC
LaVergne TN
LVHW091554060526
838200LV00036B/829